첫머리에

영어를 잘하기 위해서는

영어 실력을 배가(倍加) 시키기 위해서는 무엇보다도 어휘 실력을 늘리는 것이 중요합니다. 어휘실력이란 바로 영어의 단어(單語)를 많이 암기하고 있는 것을 의미합니다.

다른 외국어도 마찬가지이지만, 특히 영어는 어휘 실력이 불충분하면 결코 잘할 수 없습니다.

어휘 실력을 쌓기 위한 가장 좋은 방법이란 영어의 문장(Sentences)을 이해하고 암기하는 일입니다. 그러나 문장을 모두 암기한다는 것은 여간 힘든 일이 아닙니다.

그러므로 보다 빠르게 영어를 마스터하기 위해서는 숙어(熟語)를 암기하는 쪽이 효과적입니다. 숙어는 단어와 단어가 결합되어 이루어진 준(準) 문장입니다.

이 책은 대학입시(大學入試)에 꼭 필요한 숙어와 일반 사회 분야에서 널리 유용하게 쓰이는 유기적인 문장을 골고루 엄선·수록하였습니다.

효과적으로 학습하고, 이해하기 쉽도록 편집 체제를

통일성 있게 하였으며, 매주마다 암기해 나갈 수 있도록 적정한 분량씩으로 나누었습니다. 또한 주말 실력 측정을 위하여 문제 (TEST) 를 수록하여 완벽한 학습을 도모하고자 하였습니다.

   총 7주간 이 책을 마스터하고 나면, 여러분의 영어 실력은 몰라볼 정도로 향상될 것입니다.

   아무쪼록 여러분의 학습에 이 책이 많은 도움이 될 수 있기를 빕니다.

STEP BY STEP DOORS 차례

1 첫째주

First day ---------- 9
  Test 1 ---------- 12
Second day ---------- 13
Third day ---------- 15
Fourth day ---------- 18
Fifth day ---------- 21
Sixth day ---------- 24
Seventh day ---------- 27
  Test 2 ---------- 29

2 둘째주

First day ---------- 30
  Test 3 ---------- 33
Second day ---------- 34
Third day ---------- 37
Fourth day ---------- 40
Fifth day ---------- 43
Sixth day ---------- 46
  Test 4 ---------- 49
Seventh day ---------- 50
  Test 5 ---------- 53

3 셋째주

- FIRST DAY ---------- 54
  - TEST 6 ---------- 56
- SECOND DAY ---------- 57
  - TEST 7 ---------- 60
- THIRD DAY ---------- 61
  - TEST 8 ---------- 64
- FOURTH DAY ---------- 65
  - TEST 9 ---------- 68
- FIFTH DAY ---------- 69
  - TEST 10 ---------- 72
- SIXTH DAY ---------- 73
  - TEST 11 ---------- 75
- SEVENTH DAY ---------- 76
  - TEST 12 ---------- 79

4 넷째주

- FIRST DAY ---------- 80
  - TEST 13 ---------- 85
- SECOND DAY ---------- 84
  - TEST 14 ---------- 88
- THIRD DAY ---------- 89
  - TEST 15 ---------- 91
- FOURTH DAY ---------- 92
  - TEST 16 ---------- 94
- FIFTH DAY ---------- 95
  - TEST 17 ---------- 98
- SIXTH DAY ---------- 99
  - TEST 18 ---------- 101
- SEVENTH DAY ---------- 102
  - TEST 19 ---------- 105

First day ---------- **106**	
Test 20 ---------- **107**	
Second day ---------- **108**	 **5** 다섯째주
Test 21 ---------- **112**	
Third day ---------- **114**	
Test 22 ---------- **118**	
Fourth day ---------- **119**	
Test 23 ---------- **122**	
Fifth day ---------- **123**	
Test 24 ---------- **126**	
Sixth day ---------- **127**	
Test 25 ---------- **130**	
Seventh day ---------- **131**	
Test 26 ---------- **135**	

 **6** 여섯째주

First day ---------- **136**
Test 27 ---------- **140**
Second day ---------- **141**
Test 28 ---------- **144**
Third day ---------- **145**
Test 29 ---------- **147**
Fourth day ---------- **148**
Test 30 ---------- **151**
Fifth day ---------- **152**
Test 31 ---------- **155**
Sixth day ---------- **156**
Test 32 ---------- **159**
Seventh day ---------- **160**
Test 33 ---------- **163**

일곱째주

First day ---------- **164**
   Test 34 ---------- **168**
Second day ---------- **169**
   Test 35 ---------- **172**

[부록] 종합편 / 175

first day

- **have to do** ~하지 않으면 안된다.
  You **have to** go at once. (너는 곧 가지 않으면 안된다.)

- **so ~ that** 매우 ~하므로
  He was **so** angry **that** he could not speak.
  (그는 너무 화가 났으므로 말도 할 수 없었다.)

- **between ~ and ~** ~사이에, ~의 사이를
  The Rhine flows **between** Germany **and** France.
  (라인강은 독일과 프랑스 사이를 흐르고 있다.)

- **out of** ~에서(밖으로), ~의 범위 밖에, ~을 잃어
  The idea has gone **out of** date.
  (그 사상은 이미 구식이 돼 버렸다.)

- **not ~ but ~** ~이 아니고 ~이다
  This is **not** my house **but** my uncle's.
  (이것은 우리 집이 아니라 아저씨 집이다.)

- **think of** ~에 대하여 생각하다, ~을 생각해내다
  I cannot **think of** the world I want to use.
  (쓰고 싶은 말이 머리에 떠오르지 않는다.)
  Everyone about us **think of** them in this way.
  (우리 주위 사람들은 모두 그들을 이렇게 생각한다.)

- **as well as** ~와 마찬가지로, ~은 물론이고
  You'd better think of saving money **as well as** earning it. (돈을 버는 것 뿐만 아니라 저축하는 것에 대해서도

생각해 보는 것이 좋다.)

- **as if (though)** 마치 ~인 것 처럼
  He talks **as if** he knew everything.
  (그는 마치 무엇이든 다 알고 있는 것 처럼 말한다.)

- **look at** ~을 보다
  look at the picture. (그 그림을 보아라.)

- **for oneself** (= **without others' help**)
  스스로, 혼자 힘으로
  He is old enough to live **for himself**.
  (그는 이제 자립할 수 있는 나이다.)

- **because of** ~때문에, 한 까닭으로
  He cannot work **because of** his age.
  (그는 나이가 많아서 일을 못한다.)

- **both ~ and ~** ~도 ~도, 양쪽다
  He is **both** a gentleman **and** scholar.
  (그는 신사인 동시에 학자이다.)

- **more than** ~이상으로, 더할 나위 없이
  He is **more than** pleased with the result.
  (그는 그 결과에 무척 만족하고 있다.)

- **so that ~ (can, may, will)**
  ~할 수 있도록, ~하기 위하여, ~하게, ~만큼
  We eat **so that** we may live.
  (우리는 살아가기 위하여 먹는다.)

- **such as** ~와 같은(것), 이를테면
  I like drinks **such as** tea and coffee.
  (나는 차나 커피같은 음료를 좋아한다.)

- **too ~ to do ~** 너무 ~해서 ~할 수 없다
  The room was **too** small **to** dance in.

(그 방은 좁아서 춤 출수 없었다.)

- **used to**   항상 ~했다, ~하는 것이 예사이었다
  This **used to** irritate my instructor.
  (이 일로 나의 선생님은 항상 안달 하셨다.)

- **no longer (~ no more)**   이미 ~아니다
  This is **no longer** true. (이것은 이미 진실이 아니다.)

- **different from**   ~과 다른
  My plan is **different from** hers.
  (나의 계획은 그녀의 것과 다르다.)

- **instead of**   ~대신에
  He sent her **instead of** going himself.
  (그는 자기 대신 그녀를 보냈다.)

- **each other**   서로, 상호간에
  The two boys struck **each other** and one of them cried. (그 두 소년들은 서로 때리다가 그 중의 하나가 울었다.)

- **be likely to do**   ~할 것 같다
  Bill **is likely to** take part in a money-making enterprise. (빌은 돈벌이가 되는 사업에 손을 댈 것 같다.)

- **depend on (~ upon)**   ~에 의존하다, ~을 신뢰하다
  He cannot be **depended** upon. (그는 믿을 수가 없다.)

(1) **다음 숙어의 뜻을 쓰시오.**
  ① out of
  ② not ~ but ~
  ③ as well as
  ④ because of
  ⑤ both ~ and ~
  ⑥ such as
  ⑦ too ~ to do ~
  ⑧ different from
  ⑨ each other
  ⑩ depend on (~ upon)

(2) **우리말의 뜻에 해당하는 숙어를 쓰시오.**
  ① ~하지 않으면 안되다
  ② ~와 ~의 사이를
  ③ ~을 보다
  ④ 혼자 힘으로
  ⑤ 항상 ~했다
  ⑥ ~할 수 있도록
  ⑦ ~할 것 같다

(3) **다음 문장의 ( )에 단어를 쓰시오.**
  ① He was ( ) angry that he could not speak.
  ② He is old enough to live ( ) himself.
  ③ I like drinks such ( ) tea and coffee.
  ④ He sent her instead ( ) going himself.

(4) **다음 문장의 ( )에 번역글을 참조해서 적당한 단어를 쓰시오.**
  ① You have ( ) go at once. (~하지 않으면 안되다)
  ② He cannot work because ( ) his age. (~때문에)
  ③ My plan is different ( ) hers. (~과 다른)

Second day

- **tend to** ~의 경향이 있다, ~에 이바지 하다
 Their children and grand children **tend to** catch up with the normal height of the people in this country.
 (그들의 자식들이나 손자(녀)들은 이 나라의 표준 신장 수준에 달하는 경향이 있다.)

- **for all** ~에도 불구하고
 For all his wealth, he is not contented.
 (그는 돈이 많은데 만족하지 않는다.)

- **lead to** ~으로 통하다, ~에 계속하다, ~에 귀착하다
 This road **leads to** the city Hall.
 (이 길은 시청으로 통한다.)

- **not ~ at all** 조금도 ~않다, 전혀 ~않다
 I did **not** go out **at all** yesterday.
 (어제는 전혀 외출하지 않았다.)

- **more ~ than** ~이라기 보다는 차라리 ~이다
 He was **more** of an engineer **than** a soldier.
 (그는 군인이라기 보다 오히려 기술자였다.)

- **how to(do)** ~하는 법, 방법
 I don't know **how to** read French.
 (프랑스어를 읽을 줄 모른다.)

- **look for** ~을 찾다
 A young man **look for** an experienced adviser.

(젊은이들은 경험있는 충고자를 찾는다.)

- **a number of** 많은
  I was surrounded by **a number of** passers-by
  (나는 많은 통행인들에게 둘러싸였다.)

- **come from** ~에서 나오다, ~출신이다
  Where do you **come from**?
  (너는 어디 출신이냐?)

- **find out** 발견하다, 이해하다, (문제를) 풀다
  I cannot **find out** where he has gone.
  (그가 어디로 가버렸는지 모르겠다.)

- **in spite of** ~에도 불구하고, 하지만
  In spite of his misfortune, he is cheerful.
  (그는 불운에도 불구하고 명랑해 하고 있다.)

- **be concerned with** ~에 관계가 있다
  I am not **concerned with** this.
  (나는 이 일에 관계가 없다.)

- **at once** 즉시, 곧
  Do it **at once**. (즉시 그것을 해라.)

- **even if (though)** 비록 ~일지라도
  You have another chance **even if** you fail this time.
  (비록 이번에 실패 하더라도 또 다른 기회가 있다.)

- **more and more** 더욱 더, 점점
  I have thought **more and more** of him since his death. (그가 죽은 이래 그에 대해 점점 더 생각이 난다.)

- **pick up** 줍다, 찾아내다, 붙잡다, 서로 알게되다.
  Children **pick up** language at their mother's knee.
  (아이들은 어머니의 무릎에서 말을 배운다.)

Third day

- **as to**　~에 관하여, ~에 대하여
  There was some doubt **as to** the truth of his statement.
  (그가 하는 말의 진실성에 관해서는 다소 의문이 있었다.)

- **listen to**　~에 귀 기울이다
  Don't **listen to** him. (그의 말을 듣지 말아라.)

- **ought to**　~해야 한다, ~하는 것이 당연하다
  You **ought to** obey the law. (법을 지켜야 한다.)

- **grow up**　자라다, 어른이 되다, 성장(발달) 해서 ~으로 되다.
  The boy **grow up**(to be) a great musician.
  (그 소년은 자라서 위대한 음악가가 되었다.)

- **at last**　결국, 드디어
  He has finished the work **at last**.'
  (드디어 그는 그 일을 해내고야 말았다.)

- **enough to**　~하기에 충분한
  I was old **enough to** appreciate him.
  (그를 이해할만한 충분한 나이가 되었다.)

- **whether ~ or**　~인지 아닌지, ~해야 할지 어떨지
  I don't know **whether** it is true **or** not.
  (그것이 사실인지 아닌지 알 수 없다.)

- **as ~ as possible(on, can)**   될 수 있는대로, 가능한 ~하게
  Do it **as** quickly **as possible.** (가능한 한 빨리해라.)

- **belong to**   ~에 속하다
  My father **belonged to** the club.
  (아버지는 그 클럽에 속해 있다.)

- **after all**   결국, 마침내, ~에도 불구하고
  After all, I am a man, not a machine.
  (결국 나는 사람이지 기계가 아니다.)

- **turn out**   ~임이 판명되다, 뒤집다, 끄다
  It **turned out** to be true. (그것은 진실로 판명되었다.)

- **as if(though)**   마치 ~인 것 처럼
  He talks **as if** he knew everything.
  (그는 마치 무엇이든지 다 알고 있는 것처럼 말한다.)

- **happen to**   우연히 ~하다
  I **happened to** be there.
  (나는 우연히 그곳에 가게됐다.)

- **neither ~ nor ~**   ~도 아니고, ~도 아니다
  He excels **neither** at games **nor** at lessons.
  (그는 경기에도 학과에도 뛰어나지 못하다.)

- **be unable to ~**   ~할 수 없다
  They **are unable to** read and write.
  (그들은 읽을 줄도 쓸 줄도 모른다.)

- **be aware of**   ~을 알고 있다, ~을 알아채고 있다
  He was **well aware of** his weakness.
  (그는 자기의 약점을 잘 알고 있었다.)

- **talk about**   ~에 관해서 이야기하다

We **talk about** what happened ten years ago.
(우리는 10년 전에 일어난 일들에 관해서 이야기했다.)

👁 **thousand of**   수천의
Thousand of students joined the demonstration.
(수천 명의 학생이 그 데모에 참가했다.)

👁 **up to**   ~까지, ~에 이르기까지, ~의 책임으로
Up to that time, all had gone well.
(그 때까지는 모든 일이 잘 되어 나갔었다.)

👁 **enable ~ to**   (사람에게) ~하게 만들다
This **enable us to** understand better what others are saying. (이것은 우리로 하여금 다른 사람이 말하는 것보다 더욱 잘 이해할 수 있게 한다.)

👁 **wait for**   ~을 기다리다
They **waited for** the lawyer to arrive.
(그들은 변호사가 오기를 기다렸다.)

👁 **base ~ on**   ~에 기초를 두다
It is **based on** a careful study.
(그것은 신중한 연구에 기초한 것이다.)

👁 **for the first time**   처음으로
I visited the temple **for the first time**.
(나는 처음으로 그 사원을 방문했다.)

첫 째 주

fourth day

- **consist of**　~으로 이루어지다, ~으로 구성되다
  Human life **consists of** a succession of small events.
  (인생은 사소한 사건의 연속으로 이루어져 있다.)

- **take care of**　돌보아주다
  Who will **take care of** your dog while you're away?
  (네가 집을 나와 있는 동안은 누가 너의 개를 돌보아주니?)

- **that is**　즉, 다시 말하면
  They are migratery birds, **that is**, bird travelers.
  (그들은 철새들 즉, 여행하는 새들이다.)

- **a little**　약간의, 조금
  I have **a little** money. (나는 약간의 돈이 있다.)

- **ask for**　~을 구하다, 원하다
  He **asks for** nothing. (그는 아무 것도 원하지 않는다.)

- **such ~ that**　매우 ~하므로, 대단히 ~하기 때문에
  He was **such** a fine gentleman **that** every body respected him.
  (그는 매우 훌륭한 신사이므로 누구나 그를 존경했다.)

- **go out**　외출하다
  She **went out**, with no more words.
  (그녀는 더 이상 아무 말도 않고 외출했다.)

- **had better**　~하는 것이 낫다.

You **had better** go at once. (너는 즉시 가는게 좋겠다.)

- 👁 **be ready to**   막 ~하려고 하다
  She **was ready to** burst into tears.
  (그녀는 당장이라도 울음을 터뜨릴 것 같았다.)

- 👁 **so long as**   ~하는 한, ~이기만 하면
  Any book will do, **so long as** it is interesting.
  (재미만 있으면 무슨 책이든 좋다.)

- 👁 **be afraid of ~**   ~을 두려워하다, ~을 염려하다
  Don't **be afraid of** making a mistake.
  (틀리지 않을까 염려하지 마라.)

- 👁 **be capable of**   ~할 수 있다, ~을 감당할 수 있다
  The car **is capable of** carrying five people.
  (그 차는 다섯 사람을 태울 수 있다.)

- 👁 **prefer ~ to**   ~을 더 좋아하다, ~을 기뻐하다
  I **prefer to** leave it alone.
  (나는 오히려 그대로 두었으면 한다.)
  I **prefer** the country **to** the town.
  (나는 도시보다는 시골을 좋아한다.)

- 👁 **refer to**   ~에 언급하다, ~을 참고로 하다.
  We are **referring** only **to** those goods.
  (우리는 다만 그 상품들에 관해서만 언급하고 있는 중이다.)

- 👁 **those who**   ~하는 사람들, ~인 사람들
  Heaven helps **those who** help themselves.
  (하늘은 스스로 돕는 자를 돕는다.)

- 👁 **believe in**   ~을 신뢰하다, 믿다
  They **believed in** progress.
  (그들은 진보가 있을 수 있다고 믿고 있었다.)

첫째 주

- 👁 **by oneself** 혼자, 단독으로
  He read many books **by himself**.
  (그는 혼자서 많은 책을 읽었다.)

- 👁 **call on(upon)** (남을)방문하다, 요구하다
  Several days later, Isabel **called on** me.
  (며칠 후에 이사벨은 나를 방문했다.)

- 👁 **carry on** ~을 계속하다, 영위하다
  This task was to be **carried on** in English.
  (이 일은 영어로 하도록 되어 있었다.)

- 👁 **come back** 돌아오다, 복귀하다
  Dick and the children will be **coming back** in a few minutes. (딕과 아이들은 몇분후면 돌아올 예정이다.)

- 👁 **do with** ~을 처분하다, ~을 다루다, ~을 참다
  What have you **done with** the box?
  (그 상자를 어떻게 처분했습니까?)

- 👁 **far from ~ (ing)** ~하기는 커녕, 조금도 ~않다
  Far from reading the letter, he did not open it.
  (그는 편지를 읽기는 커녕 뜯어보지도 않았다.)

- 👁 **in the middle of** ~중앙에, ~의 가운데
  There is something unlawful in being abroad, idle, **in the middle of** the day. (대낮에도 빈둥빈둥 밖을 나다니는 불법적이고 게으른 사람이 있다.)

fifth day

- **lie in** ~에 있다.
  The difficulty **lies in** the choice of men.
  (어려움은 인선에 있다.)

- **look up to** ~을 존경하다, ~을 쳐다보다
  The children always **looked up to** him.
  (아이들은 언제나 그를 존경하였다.)

- **may well** ~하는 것도 당연하다
  You **may well** say so. (그렇게 말하는 것도 당연하다.)

- **not so much ~ as** ~보다는 오히려
  He is **not so much** a scholar **as** a writer.
  (그는 학자라기 보다는 오히려 저술가이다.)

- **point out** ~을 지시하다, ~을 지적하다
  It was **pointed out** to me by my father.
  (그것은 아버지한테서 지적당했다.)

- **prevent ~ from** 방해하여 ~못하게 하다
  The heavy rain **prevented** me **from** coming in time.
  (심한 비 때문에 나는 시간에 대어오지 못했다.)

- **speak of** ~에 관하여 말하다
  She **spoke of** it seldom.
  (그녀는 그것에 관하여 아무 말도 안했다.)

- **and yet** 그럼에도 불구하고
  He made great efforts, **and yet** he failed.

(그는 대단한 노력을 했지만 그럼에도 불구하고 실패했다.)

- **as far as** (~에 관한)한, ~까지
  As fas as I know, he is an honest fellow.
  (내가 아는 한에 있어서는 그는 정직한 사나이다.)
  ※ So far as와 비슷하지만 so far as는 in such a degree로 한도 또는 조건을 나타내고, as far as는 범위를 나타냄.

- **apart from** ~은 별도로 하고, ~은 그만두고
  Apart from his school work, he takes interest in anything.
  (학교 공부는 별도로 하고 그는 무슨 일에나 흥미를 갖는다.)

- **above all(things)** 무엇보다 먼저, 그 중에서도 특히
  It seems that a father should desire **abobe all things** to give his children the greatest amount of happiness.
  (아버지는 자식들에게 무엇보다도 먼저 최대의 행복을 주는 것을 바라는 것이 옳을 것 같다.)

- **call for** 구하다, 가지러(데리러) 가다, 필요로 하다
  I'll **call for** him at his house.
  (집까지 그를 데리러 가겠다.)

- **carry out** 실행하다, 성취하다
  I think it much better to **carry out** your first plan.
  (나는 당신의 첫번째 계획을 실행하는 것이 낫다고 생각한다.)

- **distinguish ~ from** ~와 ~을 구별하다
  The possession of an intellect is what **distinguishes** us **from** the animals.
  (지성을 지니고 있는 점이 우리들과 동물이 다른 점이다.)

- **look forward to (~ ing)** ~을 기대하다, 손꼽아 기다리다
  I am **looking forwrd to** your visiting here soon.
  (당신이 곧 이곳을 찾아 주실 것을 기대하고 있습니다.)

- **more or less**   다소, 얼마간, 어느 정도, 대략
  The feeling not frequently takes a **more or less** definite form. (그 감정은 흔치는 않지만 어느 정도 명확한 모양을 취하는 경우도 있다.)

- **a great deal of**   많은 양의
  There is **a gteat deal of** unnecessary prejudice against at women students in japan.
  (일본의 여학생에 대하여 불필요한 편견이 많이 있다.)

- **bring about**   (일을) 일으키다, 정신 차리게 하다
  His carelessness **brought about** the accident.
  (그의 부주의가 그 사고를 일으켰다.)

- **get to**   ~에 도착하다, 연락을 취하다, (일 따위에) 착수하다, 시작하다
  I **got to** the airport.(나는 공항에 도착했다.)

- **make up one's mind**   결심하다
  Their mother had firmly **made up her mind**.
  (그들의 어머니는 확고하게 결심을 했다.)

- **nothing but**   ~이외에는 아무것도 ~아니다, 단지 ~ 뿐
  She did **nothing but** weep. (그녀는 그저 울 뿐이었다.)

첫째 주

Sixth day

- **apply to** ~에 적용하다, ~에 충당하다
  Do these remarks **apply to** me?
  (이 말은 나에게 적용되는 것입니까?)

- **as well** ~도 또한, ~도 마찬가지로
  This applies to mental activity **as well**.
  (이것은 정신 활동에도 적용된다.)

- **be close to** ~ ~에 접근해 있다
  The vowel sounds of French **are close to** those Korean. (프랑스어의 모음은 한국어의 모음과 가깝다.)

- **compare ~ with ~** ~와 ~을 비교하다, ~에 필적하다
  I hate **comparing** myself **with** them.
  (내 자신을 그들과 비교하는 것은 싫다.)

- **get up** 일어나다
  I **get up** at six every moring.
  (나는 매일 아침 6시에 일어난다.)

- **go into** ~으로 들어가다, ~으로 통하다, 참가하다
  I **went into** Missouri. (나는 미조리주에 들어갔다.)

- **go through** 통과하다, (고난 따위를) 겪다
  He **went through** two wars.
  (그는 두 차례의 전쟁을 경험했다.)

- **in the course of** ~동안에, ~사이에

I had been detained, **in the course of** a journey, by a slight indisposition.
(나는 여행하는 동안에 가벼운 병으로 지체되었다.)

👁 **kind of**   약간, 어느 정도
He looks **kind of** pale. (그는 안색이 좀 나쁘다.)

👁 **look like**   ~같이 보이다, ~인 것 같다
What dose it **look like**? (그것은 어떻게 생겼느냐?)

👁 **no more than**   겨우 ~뿐, 다만 ~에 불과하다
He is **no more than** a mere acquaintance.
(그분과는 그저 알고 지내는 사이에 불과합니다.)

👁 **not always**   (부분부정) 반드시 ~은 아니다
Things are **not always** what they seem to be.
(사물은 겉보기와 반드시 같지는 않다.)

👁 **not neccessarirly**   반드시 ~은 아니다
The mind is **not necessaritly** itself at rest.
(정신은 반드시 그 자신 쉬고 있는 것은 아니다.)

👁 **speak to**   ~에게 말을 걸다
He often **speaks to** himself.
(그는 가끔 혼자서 중얼거린다.)

👁 **succeed in**   ~에 성공하다, ~을 잘 해내다
He **succeeded in** (passing) the entrance examination.
(그는 입학 시험에 합격하였다.)

👁 **be willing to (do)**   기꺼이 ~하다
He **is willing to** act the part of guide.
(그는 기꺼이 안내역을 맡아 줄 것이다.)

👁 **at night**   밤중에
She went to work **at night**. (그녀는 야근을 한다.)

- **differ from** ~과 다르다
  He does not **differ from** his companions.
  (그는 친구들과 다름이 없다.)

- **from time to time** 때때로, 종종
  From time to time the horse stumbled.
  (그 말이 때때로 넘어지곤 했다.)

- **make use of** ~을 이용(사용)하다
  Try to **make** good **use of** your time.
  (시간을 될 수 있는대로 잘 이용하도록 해라.)

- **on the whole** 대체로
  On the whole, the contrary is more often the case.
  (대체로 반대의 경우가 더 많다.)

Seventh day

- **about to ~, be** ~하려고 하다
  The plane is just **about to** start.
  (비행기가 막 출발하려 하고 있다.)

- **and so on** ~따위, 등등, 기타
  the rent, the wages, the profits **and so** forth.
  (집세, 임금, 이익금 기타 등등)

- **as a whole** 전체적으로
  We must take this matter into account **as a whole**.
  (우리는 이 문제를 전체적으로 고려하여야 한다.)

- **care for** ~을 돌보다, 좋아하다, 사랑하다, 원하다
  Who **care for** the sick? (누가 환자를 간호하고 있습니까?)
  I don't **care for** a thing like that.
  (나는 그런 것을 좋아하지 않는다.)

- **first of all** 무엇보다도 우선
  I should **first of all** consider his intellect.
  (무엇보다도 먼저 그의 지성을 고려하여야 한다.)

- **be fond of** ~을 좋아하다
  I am very **fond of** dogs. (나는 개를 대단히 좋아한다.)

- **make ~ of ~** ~으로 ~을 만들다, ~을 ~로 만들다
  The house is **made of** wood. (그 집은 목조이다.)
  I'll **make** a man **of** you. (너를 훌륭한 사내로 만들겠다.)

- **make up** ~을 만들다
  We shook hands and **made up**.
  (우리는 악수하고 화해했다.)

- **no matter how** 비록 ~한다 하더라도, 아무리 ~해도
  No matter how fast you may walk, you can not get there before sunset. (아무리 네가 빨리 걷는다 해도 해지기 전에 그곳에 도착할 수는 없다.)

- **of one's own** 독자적인
  Each nation has a language **of its own**.
  (각 국민들은 그들 자신의 독자적인 언어를 갖고 있다.)

- **set up** ~을 설립하다, 세우다
  He has **set up** a new business recently.
  (그는 최근 새로운 사업을 시작했다.)

- **so as to** ~하기 위하여, ~하도록
  Walk fast **so as** not **to** be late for the train.
  (기차에 늦지 않도록 빨리 걸어라.)

- **suffer from** ~으로 괴로워하다, ~에 걸리다
  Korea **suffer from** a dire lack of raw materials.
  (한국은 극도로 부족한 원료 때문에 고민하고 있다.)

- **take up** 집어 올리다, (장소·시간) 차지하다, 끝내다
  It **takes up** very little space.
  (그것은 공간을 거의 차지하지 않는다.)

- **add to** ~을 더하다, 증가하다
  This **adds to** the expenses.
  (이것 때문에 비용이 더 든다.)

- **all right** 훌륭하게, 만족할 만큼, 정확히
  Everything is **all right**. (만사 오케이이다.)
  All right! Don't rub it in. (좋아! 군소리 마라.)

(1) **우리말에 해당하는 숙어를 쓰시오.**
 ① ~을 집어 올리다. ② 무엇보다도 먼저
 ③ 전체로서 ④ ~의 독자적으로

(2) **다음 숙어의 뜻을 쓰시오.**
 ① make up ② care for
 ③ be fond of ④ dream of

(3) **다음 문장의 빈칸에 적당한 단어를 쓰시오.**
 ① I should first of ( ) consider his intellect.
 ② Each nation ( ) a language of its own.
 ③ He has set ( ) a new business recently.
 ④ I don't care ( ) a thing like that.

(4) **문장 끝의 괄호 속의 말을 참조해서 빈칸에 적당한 단어를 쓰시오.**
 ① The plane is just ( ) ( ) start. (~하려고 하다)
 ② He has ( ) ( ) a new business recently. (~설립하다)
 ③ Walk fast ( ) ( ) not ( ) be late for the train. (하기 위하여)

first day

- **be apt to** ~하기 쉽다, ~할 것 같다
  He **is apt to** forget people's names.
  (그는 사람들의 이름을 곧잘 잊어 먹는다.)
  ☞ apt at 는 good at「~을 능숙하게 (잘)하다」의 뜻으로서 apt to 와는 다름.

- **as a rule** 대체로, 일반적으로
  The American business men, **as a rule**, dislike to retire.
  (일반적으로 미국의 실업가들은 은퇴하는 것을 싫어한다.)

- **as ~ as possible can(one can)** 될 수 있는 대로
  Do it **as** quickly **as possible**. (가능한 한 빨리 해라.)

- **contribute to** ~에 공헌하다, 기여하다
  To **contribute to** this end has been my only object.
  (이 목적에 기여하는 것이 나의 유일한 목적이다.)

- **next to** 거의 ~와 같은, ~에 가장 가까운
  We know **next to** nothing about it.
  (우리들은 그 일에 대해서 거의 아무것도 모른다.)

- **not because ~ but because** ~때문이 아니라 ~때문에
  She retused him **not because** he was poor **but because** he was lazy.(그녀가 그를 퇴짜 놓은 것은 그가 가난하기 때문이 아니라 게으르기 때문이었다.)

- **provide for** ~에 대비하다, 부양하다

We must **provide for** the future.
(장래에 대비하지 않으면 안된다.)
Provide for one's family. 가족을 부양하다.

- **set(for, to)** ~으로 출발하다
  He **set** out **for** England in April.
  (그는 4월에 영국으로 출발했다.)

- **similar to, be** ~와 같은, 비슷한
  Yours is very **similar to** mine.
  (네것은 내것과 아주 흡사하다.)

- **the more ~ the more ~**
  ~하면 할수록 더욱 ~하다, ~이면 더욱 더 ~하다
  The more hurry we are in, **the more** likely we are to drop an egg on the floor or spill the milk.
  (서두르면 서두를수록 달걀을 마루에 떨어뜨리거나 우유를 엎지르기 쉽다.)

- **be to(do)** ~할 예정이다, ~해도 좋다, ~의 운명이다
  I **am to** meet him there.
  (나는 그와 그곳에서 만날 예정이다.)

- **bring up** 기르다, 교육하다, 데리고 오다, 꺼내다
  He was **brought up** by his uncle.
  (그는 삼촌한테 양육을 받았다.)

- **by the time** ~할 때 까지는
  I will finish it **by the time** he comes back.
  (그가 돌아올 때 까지는 그것을 끝마쳐야겠다.)

- **come down** 내려오다, 전해 내려오다
  The story has **come down** to us from the past.
  (그 이야기는 옛날부터 전해 내려오고 있다.)

- **cut off** 잘라 버리다, (사람)을 침묵시키다

둘째주

He **cut** me **off** before I could protest.
(그는 내가 항의하기도 전에 나를 침묵시켰다.)

👁 **get over**   ~을 건너다, 회복하다
It took me more than a month to **get over** my cold.
(감기가 낫는데 한달 이상이나 걸렸다.)

👁 **inclined to ~, be**   ~하려는 경향이 있다, ~하고 싶은 생각이 들다
Tom was **inclined to** pick a quarrel.
(탐은 싸움을 걸려는 경향이 있다.)

👁 **later on**   그 후, 나중에
She lived through those emotions which she was to portray **later on**. (그녀는 나중에 (무대에서) 공연하게 될 그러한 희노애락의 감정들을 골고루 체험했다.)

👁 **make out**   이해하다, 알아차리다
I could not **make out** what she wanted.
(나는 그녀가 원하는게 무엇이지 이해할 수가 없다.)

(1) **다음 우리말에 해당하는 숙어를 쓰시오.**
   ① ~하기 쉽다, ~할 것 같다
   ② ~에 공헌하다
   ③ 거의 ~와 같은, ~에 가장 가까운
   ④ ~와 같은, 비슷한

(2) **숙어의 뜻을 쓰시오.**
   ① as a rule
   ② set out(for, to)
   ③ provide for
   ④ by the time
   ⑤ get over
   ⑥ make out

(3) **빈칸에 적당한 단어를 써 넣으시오.**
   ① To contribute ( ) this end has been my only object.
   ② We know next ( ) nothing about it.
   ③ He was brought ( ) by his uncle.
   ④ The stroy has come ( ) to us from the past.
   ⑤ I will explain it to you ( ) on.

Second day

- **millions of** 수백만의, 무수한
  Millions of people believe in it.
  (무수한 사람들이 그것을 믿고 있다.)

- **take off** 제거하다, 가버리다, 떠나가다, 벗다
  The plane **took off** at three o'colck.
  (비행기는 세시에 이륙했다.)

- **think of ~ as** ~을 ~로 (같이) 생각하다
  I **thought of** the money **as** gome.
  (그 돈은 없어진 걸로 생각했다.)

- **all over** 온 몸에, 어느 곳이나
  All the world **over**.
  (세계의 어느 곳에서나)

- **arrive at** ~에 도착하다
  On **arriving at** the station, she rang up her mother.
  (역에 도착하자 마자 그녀는 어머니에게 전화를 걸었다.)

- **as it were** 말하자면
  He is, **as it were**, a walking dictionary.
  (말하자면 그는 살아있는 사전이다.)

- **cling to** ~에 착 달라붙다, ~에 집착하다
  She **clung to** the hope that her son would succeed.
  (그녀는 아들이 성공할 것이라는 희망에 집착하고 있었다.)

- **(be, become) conscious of** ~을 알다, ~을 의식하다
  I **was** fully **conscious of** my plain looks.
  (나는 자신의 얼굴이 못생긴 것을 충분히 의식하고 있었다.)
  ☞ ① be 를 쓰면 보통 「알고 있다」의 상태, 「깨닫다」는 become 을 씀 ② that절이 따르면 of는 불필요.

- **except for** ~ 외에, 이 있을 뿐
  The crowd followed his example **except for** Robert.
  (로버트를 제외하고 군중은 그의 예를 따랐다.)

- **be familiar with ~** ~와 친밀하다, ~에 정통해 있다
  I **am familiar with** the language.
  (나는 그 언어를 잘 알고 있다.)
  ☞ The language is familiar to me. 와 같이 「사물이 사람에게 알려져 있다」의 뜻으로는 to를 씀.

- **for a moment** 잠깐동안, 잠시동안
  He thought **for a moment**.
  (그는 잠시동안 생각했다.)

- **for a while** 잠시동안
  He forgot it **for a while**.
  (그는 잠시동안 그것을 잊었다.)

- **go back** 돌아가다, 거슬러 올라가다
  She decided to **go back** to him.
  (그녀는 그에게로 돌아가기로 결심했다.)

- **be known to ~** ~에게 알려져 있다
  The fact **is known to** all of them.
  (그 사실은 그들 모두에게 알려졌다.)

- **lead to** ~으로 통하다, ~에 계속하다, ~에 귀착하다
  This road **leads to** the city Hall.
  (이 길은 시청으로 통한다.)

둘째주

- 👁 **look forward to (~ ing)**　~을 기대하다, 손꼽아 기다리다
  I am **looking forward to** your visiting here soon.
  (당신이 곧 이곳을 찾아 주실 것을 기대하고 있습니다.)

- 👁 **look down on(upon)**　깔보다, 경멸하다
  They always **looked down upon** us.
  (그들은 언제나 우리를 깔보았다.)

- 👁 **make a mistake**　실수하다, 틀리다
  Few of us can learn this without **making mistakes**.
  (우리 중에 그 누구도 틀리지 않고 이것을 배워 알 수 있는 사람은 거의 없다.)

- 👁 **not yet**　아직도 ~아니다
  He has **not get** come.
  (그는 아직도 오지 않았다.)

- 👁 **put on**　입다. 붙이다, ~인 체하다
  I **put on** my clothes in a hurry.
  (나는 서둘러서 옷을 입었다.)

Third day

- **run away** 도망치다, 달아나다
  He **ran** rapidly **away**. (그는 재빨리 도주하였다.)

- **search for** ~을 찾다, 구하다
  Search for things lost. (분실물을 찾다.)

- **set off** 출발하다, 두드러지게 하다
  William **set off** for France.
  (윌리엄은 프랑스로를 향해 출발했다.)

- **sit down** 앉다, 자리잡다, 포위하다
  She **sat down** by the fireside.
  (그녀는 난로가에 앉아 있었다.)

- **be subject to** ~을 받다, ~에 따라야 한다
  Mankind **are subject to** the threat of war.
  (인류는 전쟁의 위협을 받고 있다.)

- **take away** ~을 가져가다
  He **took** the newspaper **away** from George.
  (그는 조지에게서 신문을 빼앗아 가지고 갔다.)

- **as for** ~에 관해서는, ~로서는
  As for myself, I don't like it.
  (나로서는 그것을 좋아하지 않는다.)
  ☞ 일반적으로 문두에 옴 (cf. as to)

- **build up** ~쌓아 올리다

Build up (one's) character. (고매한 인격을 쌓다.)

- **do without**   ~없이 지내다(해나가다)
  I cannot **do without** an overcoat in this cold country.
  (이 추운 나라에서는 오버 없이는 살 수 없다.)

- **even if (though)**   비록 ~일지라도
  Even if there were nothing offered for sale, these desires would still exist. (비록 팔 것이라곤 아무것도 없다 하더라도 그 같은 욕망은 여전히 존재할 것이다.)

- **get into**   ~에 들어가다, 타다, 몸에 걸치다
  She **got into** her new dress. (그녀는 새 옷을 입었다.)

- **get off**   ~을 내리다, 출발하다, ~을 피하다
  We **got off** the train. (우리들은 기차에서 내렸다.)

- **go about**   돌아다니다, 힘쓰다, (일에) 착수하다
  He **went about** London.
  (그는 런던 시내를 걸어 돌아다녔다.)

- **go away**   떠나다, 가버리다, 가지고 도망하다
  He wanted to **go away** somewhere.
  (그는 어딘가 떠나고 싶었다.)

- **go home**   귀가하다, 귀국하다
  He has **gone home** to France.
  (그는 프랑스로 돌아갔다.)

- **in itself**   본질적으로, 본래는
  The idea is not **in itself** a bad one.
  (이 생각이 본질적으로 나쁜것은 아니다.)

- **in so far as**   ~하는 한에 있어서는
  He is not wrong **in so far as** I know.
  (내가 아는 한 그가 나쁘지는 않다.)

👁 be incapable of   ~할 수가 없다.
The distance **is incapable of** accurate measurement.
(그 거리는 정확히 측정할 수가 없다.)

👁 insist on(upon)   주장하다, 고집하다
Men **insist on** looking at things they are forbidden to see.
(인간은 보아서는 안된다고 금지된 것은 굳이 보고 싶어 한다.)

👁 look on ~ as   ~을 ~으로 여기다 (간주하다), ~을 ~으로 생각하다
Do you **look on** him **as** a partiot?
(너는 그를 애국자라고 생각하느냐?)

👁 not so ~ as   ~만큼 ~못한다
She can **not** sing **so** well **as** you.
(그 여자는 너 만큼 노래를 잘 못 부른다.)

👁 of importance   중요한
It is a matter **of importance**. (그것은 중대한 일이다.)

👁 owing to   ~때문에, ~으로 말미암아
Oil stoves are convenient **owing to** their portability.
(오일 스토브는 휴대하기 좋기 때문에 편리하다.)

👁 prevent ~ from   방해하여 ~못가게 하다
On that day he was **prevented** by illness **from** attending. (그날 그는 병때문에 참석 못했다.)

👁 put off   연기하다, 출발하다
Never **put off** till tomorrow what you can do today.
(오늘 할 수 있는 일을 내일로 미루지 말라.)

fourth day

- **a piece of** 한 개의, 한 조각의
  He gave me **a piece of** bread.
  (그는 한 조각의 빵을 내게 주었다.)

- **be absorbed in ~** ~에 몰두하다
  He **is absorbed in** reading.
  (그는 독서에 몰두하고 있다.)

- **be accustomed to** ~에 익숙하다, 항상 ~하다
  I **am accustomed to** this climate.
  (나는 이 고장의 기후에 익숙해져 있다.)

- **all over the world** 전세계에
  There is a great frustration in the minds of medical men **all over the world**. (전세계 의사들의 마음속에는 커다란 좌절감이 있다.)

- **as a matter of fact** 사실은, 사실상
  He really wasn't my dog, **as a matter of fact**.
  (사실 그것은 나의 개가 아니었다.)

- **as long as** ~하는 동안에는, ~하는 한에는
  I will work hard **as long as** I live.
  (나는 살아있는 한 열심히 일하겠다.)

- **as much as** ~만큼, ~정도 ~처럼
  They dreaded it **as much as** they longed for. (그들은 그것을 바라보고 있었으나 그만큼 두려워하고도 있었다.)

- 👁 **at school** 수업중, 재학중
  He is **at school** in New York.
  (그는 뉴욕에 있는 학교에 다닌다.)

- 👁 **be bound to ~** 반드시 ~해야 한다
  I **am bound to** help him. (나는 그를 도와 주어야 한다.)

- 👁 **but for** ~이 없다면
  But for your assistance, I should not be able to succeed. (너의 도움이 없다면 나는 성공하지 못할텐데.)

- 👁 **cannot help ~ ing** ~하지 않을 수 없다
  I **cannot help sympathizing** with him.
  (나는 그를 동정하지 않을 수 없다.)

- 👁 **come across (meet with)** ~을 우연히 찾아내다
  Yesterday I **came across** her at the market.
  (어제 시장에서 우연히 그녀를 만났다.)

- 👁 **come out** 나오다, 발매되다, 출판하다
  The book will **come out** soon.
  (그 책은 곧 출판될 것이다.)

- 👁 **be contrary to ~** ~에 상반된
  It **is contrary to** nature. (그것은 자연에 반하는 것이다.)

- 👁 **be dependent on(upon)** ~에 의존하다, ~나름이다
  Three children **were dependent on** him.
  (세 아이들은 그에게 의존하고 있었다.)

- 👁 **derive from** ~에서 나와있다, 유래하다
  The word **derives from** English.
  (그 말은 영어에서 나온 것이다.)

- 👁 **from ~ point of view** ~의 견지(見地) 에서
  It is worth much **from** the artistic **point of view**.
  (그것은 예술적 견지에서 본다면 매우 가치가 있다.)

둘째주

- **get on** 진보하다, (탈것에) 타다, 출세하다
 He is sure to **get on** (prosper) in life.
 (그는 틀림없이 인생에 출세하리라.)

- **have nothing to do with** ~과 관계가 없다
 You **have nothing to do with** it.
 (너는 그것과는 아무 관계가 없다.)

- **in part** 일부분, 부분적으로
 He is right **in part**. (그는 일부분을 맞았다.)

- **in regard to** ~에 관하여는
 What have you to say **in regard to** this matter?
 (이 문제에 관한 무슨 의견이라도 있습니까?)

- **be indifferent to** ~에 무관심하다
 I **was indifferent to** it. (나는 그것에 관심이 없다.)

- **intend (~ to do)** ~할 작정이다
 What do you **intend to do**? (너는 무엇을 할 작정인가?)

- **be obliged to** ~하지 않을 수 없다, 고맙게 여기다
 I **am obliged to** you for helping me.
 (당신이 도와주시니 고맙소.)

- **put out** 내놓다, 발표하다, 출항하다
 They **put out** the fire with the help of their neighbor.
 (그들은 이웃 사람들의 도움으로 불을 껐다.)

- **result from** ~의 결과로 생기는
 Nothing has **resulted from** our efforts.
 (우리의 노력은 아무런 결과도 가져오지 못했다.)

fifth day

- **that is (to say)**   즉, 다시 말하면
  In Switzerland they speak four languages, **that is**, French, German, Italian and Romansh.
  (스위스에서는 4종류의 언어, 즉, 프랑스어, 독일어, 이탈리아어, 로만시어를 쓴다.)

- **wake up**   깨다, 깨우다
  I **wake up** at six every morning.
  (나는 매일 아침 6시에 깬다.)

- **worth while**   ~할 가치가 있다
  I think it is **worth while** to climb Mt. Kum Kang once if life. (금강산에는 일생에 한 번 올라가 볼 가치가 있다고 나는 생각한다.)

- **write to**   ~에게 편지를 쓰다
  Do you sometimes **write to** your parents at home?
  (고향의 부모님에게 가끔 편지를 쓰느냐?)

- **a bit of**   한 조각의, 소량의
  He has learnt **a bit of** English.
  (그는 영어를 약간 배웠다.)

- **adapt onself to**   ~에 순응하다, 적응하다
  You will easily **adapt yourself to** any circumstances.
  (너는 어떤 환경에도 쉽게 적응할 것이다.)

- **as many ~ as**   ~만큼

There are **as many** viewpoints **as** individual viewers.
(개개인의 관찰자와 같은 수 만큼의 견해가 있다.)

👁 **be ashamed of**　～을 부끄러워하다, ～이 부끄럽다
You ought to **be ashamed of** yourself.
(너는 자신을 부끄럽게 생각해야 한다.)

👁 **associate with**　～에 참가하다, ～과 교제하다
Japan began to **associate with** the rest of the world.
(일본은 다른 나라와의 교제를 시작했다.)

👁 **at the age of**　～살 때에
At the age of twelve years, the human body is at its most vigorous. (12세 때에 사람의 몸은 가장 강하다.)

👁 **come into**　～에 들어가다, ～을 물려받다
He will **come into** a large sum of money.
(그는 많은 돈을 상속할 것이다.)

👁 **come upon**　～와 우연히 마주치다
Fear came upon him.
(공포가 그를 엄습했다.)

👁 **be connected with**　～와 관계가 있다
He **is connected with** the iron industry.
(그는 철공업에 관계하고 있다.)

👁 **devote(～ to)**　바치다, (마음이나 몸을) 맡기다
I **devoted** my best energies **to** research.
(나는 온 정력을 연구에 바쳤다.)

👁 **enjoy oneself**　즐겁게 지내다, 즐기다
We **enjoyed ourselves** very much at the picnic.
(우리들은 피크닉에서 매우 즐겁게 지냈다.)

👁 **ever since**　이래(以來), 그후 죽
He's been ill **ever since**. (그후 그는 계속 앓고 있다.)

- **for a long time** 오랫동안, 잠깐동안
 For a long time they continued to sit without speaking.
 (오랫동안 그들은 아무 말도 않고 앉아 있었다.)

- **get along** 살아가다, (일 따위가)진척되다, 의좋게 지내다
 How are you **getting along**?
 (어떻게 지내십니까?)

- **go down** 내려가다, 기록되다, (배가) 침몰하다
 go down in history (역사에 남다)
 prices **went down** (물가가 떨어졌다)

둘째 주

Sixth day

- **in addition to** ~에 더하여, 의 외에
  In addition to Scott himself, four men were chosen for the final dash of 150 miles. (최후의 150마일 돌진을 위하여 스콧 자신 외에 4명이 선발되었다.)

- **in advance** ~보다 나아가서, ~보다도 앞서
  His thought was in advance of our own.
  (그의 사상은 우리들의 사상보다도 앞서 있다.)

- **in the midst of** ~의 중도에, 한참 ~할때에, ~의 한복판에
  We departed in the midst of a heavy rain.
  (우리는 폭우가 쏟아지는 가운데 출발했다.)

- **in vain** 헛되이, 보람없이(=vainly)
  We tried in vain to persuade him.
  (그를 설득시키려고 하였으나 허사였다.)

- **less ~ than ~** ~보다 적은, 못한
  He is less clever than his brother.
  (그는 형만큼 영리하지 못하다.)

- **live on** ~을 주식으로 하다, ~으로 생활하다
  Asian peoples live on rice.
  (아시아의 민족들은 쌀을 주식으로 한다.)

- **look around** 둘러보다, 구경하다
  We looked around the town.
  (우리들은 시내 구경을 했다.)

👁 **make sure** 확인하다
He **made sure** of the figures.
(그는 그 숫자를 확인하였다.)

👁 **might as well** ~차라리 ~하는 것이 낫다
You **might as well** advise me to give up my fortune as my opinion. (네가 내 의견을 버리라고 하느니 차라리 재산을 버리라고 하는 편이 낫다.)

👁 **once more** 한번더
I must try it **once more**.
(나는 그것을 한번 더 해보지 않으면 안된다.)

👁 **provide A with B** A에게 B를 공급하다
The policeman **provided** the poor family **with** the daily necessities.
(그 순경은 가족에게 일상의 필요품을 급여했다.)

👁 **remind A of B** A에게 B를 생각나게 하다
That voice **reminded** me **of** my dead mother.
(그 목소리를 듣고 나는 돌아가신 어머니를 생각했다.)

👁 **result in** ~으로 끝나다, ~으로 귀착하다
The match **resulted in** a draw.
(시합은 무승부로 끝났다.)

👁 **so far** 거기까지, 지금까지는
This is the best I have seen **so far**.
(이것은 내가 지금까지 본 것 중에서 가장 좋다.)

👁 **same as** ~와 같은, ~와 같은 종류의
A language of this sort will perform much the **same** service **as** Latin did in the Middle Ages. (이 종류의 언어는 중세에 있어서 라틴어가 성취한 역할과 거의 같이 성취할 것이다.)

- **think about** ~에 대하여 생각하다
  What are you **thinking about**? (무엇을 생각하느냐?)

- **to an extent** 어느 정도까지는
  I can translate English into Korea **to an extent**.
  (나는 어느 정도까지는 영어를 한국어로 번역할 수 있다.)

- **be unaware of** ~을 모르다, ~을 눈치채지 못하다
  We **are** probably **unaware of** the source of the words we use. (우리들은 자기들이 쓰는 말의 출처를 십중팔구는 모르고 있다.)

- **be worthy of** ~의 가치가 있는, ~에 어울리는
  His behavior **is worthy of** praise.
  (그의 행동은 칭찬받을만 하다.)

- **adjust A to B** A를 B에 순응시킨다
  Children easily **adjust** tnemselves **to** their environment.
  (아이들은 쉽게 환경에 순응한다.)

- **all one's life** 한평생, 낳아서부터 줄곧
  Dr. kang has been studying physics **all his life**.
  (강박사는 한평생 물리학을 연구해 왔다.)

- **a matter of** ~의 문제, 대략, 약
  That is **a matter of** life and death. (저것은 중대사이다.)

- **aim at** 겨냥하다
  The remark was **aimed at** you.
  (그말은 너를 두고 한 말이었다.)

- **at the time** 그간, 줄곧, 시종, 내내, 언제든지
  She was sulking **all the time**.
  (그녀는 언제든지 실쭉하고 있었다.)

STEP BY STEP DOORS TEST 4

(1) **다음 우리말에 맞는 숙어를 쓰시오.**
   ① 헛되이, 보람없이   ② ~을 주식으로 하다
   ③ 차라리 ~하는게 낫다   ④ 거기까지, 지금까지는
   ⑤ ~의 관점에서

(2) **다음 숙어의 뜻을 쓰시오.**
   ① in addition to   ② provide ~ with ~
   ③ result in   ④ there is no ~ ing
   ⑤ aim at

(3) **다음 두개의 숙어에 공통되는 전치사를 넣으시오.**
   Ⓐ ( ) the midst of   Ⓑ be responsible ( ) ~
   result ( )   a matter ( )

(4) **다음 문장의 ( ) 안에 적당한 단어를 넣으시오.**
   ① You had better get a ticket ( ) ( )
      (~보다도 앞서)
   ② We tried in vain ( ) persuade him.
   ③ Asian peoples live ( ) rice.
   ④ The policeman provided the poor family ( ).
   ⑤ That voice ( ) me of my dead mother.
   ⑥ ( ) ( ), so good. (지금까지는)
   ⑦ What are you thinking ( ) ?
      (무엇을 생각하고 있느냐?)
   ⑧ His behavior ( ) worthy of praise.

Seventh day

- **begin to** ~하기 시작하다
  As soon as man is born he **begins to** die.
  (인간은 태어나자마자 죽기 시작한다.)

- **come about** 생기다, 일어나다
  How did the accident **come about**?
  (사고는 어떻게 해서 일어났는가?)

- **deprive A of B** A에게서 B를 빼앗다
  Jealousy **deprived** him **of** his reason.
  (질투는 그에게서 그의 이성을 빼앗았다.)

- **do one's best** 최선을 다하다
  He **did his best** to avoid bloodshed.
  (그는 유혈을 피하기 위하여 최선을 다했다.)

- **for one's own sake** 자신을 위해서
  I did not **for my own sake** as well as yours. (내가 그것을 한 것은 너를 위한 것 뿐 아니라 나도 위한 것이었다.)

- **go with** ~에 동행하다, ~와 조화하다
  Your hat doesn't **go with** your dress.
  (너의 모자는 옷과 어울리지 않는다.)

- **in any case** 어떠한 경우에도, 어쨌든
  In any case most of us know accurately only what we constantly relearn. (어쨌든 대부분의 사람이 정확하게 알고 있는 것은 끊임없이 되풀이 하여 배우는 것 뿐이다.)

- **in comparison with** ~에 비하면
  His faults were insignificant **in comparison with** his noble qualities.
  (그의 결점은 그의 고결한 성품에 비하면 대수롭지 않은 것이었다.)

- **in favor of** ~에 찬성하여, ~에 유리하게
  Are you **in favor of** the plan or not?
  (너는 그 안에 찬성하느냐? 반대하느냐?)

- **in oneself** 본래, 본질적으로 그 자체
  Most of the work that most pelple have to do is not **in itself** interesting.
  (대부분의 사람들이 하지 않으면 안되는 일의 태반은 본래 재미있는 것은 아니다.)

- **keep up with** ~에 따라가다, ~에(뒤떨어) 지지 않다
  Production has not **kept up with** demand.
  (생산이 수요에 따라가지 못하고 있다.)

- **learn by heart** 암기하다
  He **learned** many long poems **by heart**.
  (그는 긴 시를 많이 암기했다.)

- **look into** ~을 조사(연구)하다, 들여다보다
  You should **look into** the matter thoroughly.
  (너는 그 일을 철저히 조사해야만 한다.)

- **meet with** ~와 마주치다, ~와 우연히 만나다
  Take care not to **meet with** a trffic accident on the way. (도중에 교통사고를 당하지 않도록 주의하라.)

- **no matter what (who)** 비록 ~ 한다 할지라도
  It is not true, **no matter what** who may say so.
  (누가 그렇게 말할지라도 그것은 사실이 아니다.)

- **no sooner ~ than**   ~하자마자
  No sooner had he seen me **than** he ran away.
  (그는 나를 보자마자 달아나 버렸다.)

- **not until**   ~에 이르러서 비로소
  Not until yesterday did I know the fact of the matter.
  (어제서야 비로소 일의 진상을 알았다.)

- **on earch**   도대체, 이세상의(에), 조금도
  Why **on earth** don't you complain to your landlord?
  (도대체 너는 왜 지주에게 불평을 하지 않느냐?)

- **one A the other B**   (둘중) 하나는 A ~또 하나는 B
  They have two daughters : **one** is a singer and **the other** an actress.
  (그들에겐 두 딸이 있다. 하나는 가수이고 또 하나는 여배우이다.)

- **out of date**   시대에 뒤진, 구식의
  There are those who tell us that the use of soil for growing plants is quite **out of date**.
  (작물의 재배에 토양을 쓰는 것은 아주 시대에 뒤진 것이라고 말한 사람들이 있다.)

STEP BY STEP DOORS TEST 5

(1) **다음 내용의 뜻을 숙어로 바꾸시오.**
  ① ~하기 시작하다 ② 자신을 위해서
  ③ 암기하다 ④ 비록 ~한다 할지라도
  ⑤ 시대에 뒤진, 구식의

(2) **다음 숙어의 뜻을 쓰시오.**
  ① come about ② go with
  ③ in oneself ④ look into

(3) **다음 두 개의 숙어에 공통된 전치사를 쓰시오.**
  Ⓐ go (　)　　　　Ⓑ (　) one's own
　　keep up (　)　　　(　) the most part

(4) **다음 숙어의 뜻을 두 개 쓰시오.**
  ① in any case ② in favor of ③ not until

(5) **다음 문장의 (　)안에 적당한 단어를 넣으시오.**
  ① How did the accident come (　)?
  ② I (　) not for my own sake as well as yours.
  ③ (　) you in favor of the plan or not?
  ④ He leaned many long poems (　)(　). (암기하다)
  ⑤ It is not true, no matter (　) may say so?
  ⑥ No sooner had he seen me (　) he ran away.
  ⑦ You (　) look into the matter thoroughly.
  ⑧ (　)(　) yesterday did I know the fact of the matter.(비로소)

first day

- **participate in** ~에 참가하다
  If you work hard, I will let you **participate in** the profits.
  (열심히 일해주면 너에게도 이익분배에 참여시켜 주겠다.)

- **prepare for** ~의 채비를 하다, 준비하다
  You should always **prepare for** the worst.
  (언제나 만일의 경우에 대비해 두어야만 한다.)

- **seem to** ~으로 생각되다, ~처럼 보인다
  He **seems to** have been there yesterday.
  (그는 어제 거기에 있었던 것 같다.)

- **separate A from B** A와 B를 떼어놓다
  The Atlantic Ocean **separates** America **from** Europe.
  (대서양은 아메리카와 유럽을 떼어놓고 있다.)

- **settle down** 안정하다, 정주하다, 침전하다
  When **settle down**, I will invite you to our house.
  (집이 정해지면 너를 우리 집에 초대하겠다.)

- **share A with B** A와 B를 나누다, ~을 공동분배하다
  I **share** this room **with** my colliague.
  (나는 이 방을 친구와 함께 쓰고 있다.)

- **sooner or later** 조만간, 멀지않아
  Sooner of later we shall have to face the question.
  (조만간 그 문제에 직면하지 않으면 안될 것이다.)

- 👁 **spring up** 튀어오르다, 일어나다, 생기다
  Several new nations **spring up** after the Second World War.
  (제 2 차 세계대전 이후 새로운 국가들이 여럿이 생겼다.)

- 👁 **stare at** 응시하다
  He **stared at** her. (그는 그녀를 빤히 보았다.)

- 👁 **stop -ing** ~하는 것을 중지하다
  Even if every one **stopped reading** of listening to poetry, there would still be poets writing it.
  (설령 모든 사람이 시를 읽거나 시에 귀를 기울이는 것을 그만둔다 해도 역시 시를 쓰는 시인은 있을 것이다.)

- 👁 **take it for granted** ~을 당연한 것으로 생각하다
  I **took it for granted** that you know.
  (너는 물론 알고 있을 것으로 생각하였다.)

- 👁 **take over** ~을 인계받다, 인수받다
  He will **take over** his father's business.
  (그는 부친의 사업을 계상할 것이다.)

- 👁 **to begin with** 우선, 무엇보다도 먼저
  To begin witn, he is very kind.
  (무엇보다도 그는 몹시 친절하다.)

- 👁 **to my surprise** 놀랍게도
  To my surprise, I won the prize.
  (놀랍게도 나는 상을 탔다.)

- 👁 **whether ~ or not** ~인지 아닌지, 이거나 말거나
  Whether it may be a fact **or not**, it does not concern us. (사실이거나 말거나 우리에게는 상관이 없다.)

셋째 주

(1) **다음 우리말의 뜻에 맞는 숙어를 쓰시오.**
   ① ~의 채비를 하다   ② 안정하다
   ③ 튀어오르다   ④ 응시하다
   ⑤ 놀랍게도

(2) **다음 ( ) 안에 우리말에 맞는 단어를 넣어 숙어를 완성하시오.**
   ① 조만간 sooner or ( )   ② 우선 to begin ( )
   ③ ~에 참가하다 participate ( )
   ④ …인지 아닌지 Whether ~ or ( )

(3) **다음 문장의 밑줄친 부분을 우리말로 옮기시오.**
   ① He <u>seems to</u> have been there yesterday.
   ② I <u>started at</u> the sound of a rifle short.
   ③ I <u>took it for granted</u> that you knew.

(4) **다음 숙어의 뜻을 두 개씩 쓰시오.**
   ① seem to   ② share A with B
   ③ spring up

(5) **다음 문장의 ( ) 안에 알맞는 전치사를 넣으시오.**
   ① You should always prepare ( ) the worst.
   ② He seems ( ) have been there yesterday.
   ③ I share this room ( ) my colleague.
   ④ I started ( ) the sound of a rifle shot.
   ⑤ ( ) begin with, he is very kind.
   ⑥ ( ) my surprise, I won the prize

Second day

- **a set of** 한 벌의
  I presented him a fine **set of** china cups.
  (나는 그에게 훌륭한 자기의 찻잔 한 벌을 선물했다.)

- **anything but** ~이외에는 무엇이나, 결코 ~아닌, ~는 커녕
  You may drink **anything but** that.
  (너는 그것 이외의 것이라면 무엇을 마셔도 좋다.)

- **at the moment** 바로 지금(마침 그때)
  I couldn't recall his name **at the moment**.
  (나는 마침 그때 그의 이름을 생각해 내지 못했다.)

- **break down** 파괴하다, 부서지다, 쓰러뜨리다, 실패하다, 꺾이다
  The machine has **broken down**. (기계가 고장났다.)

- **break out** (전쟁·화재 따위가) 일어나다, (종기가) 발진하다, 탈출하다
  He was living in England when the war **broke out**.
  (전쟁이 일어났을때 그는 영국에 살고 있었다.)

- **catch up with** ~에 뒤쫓아 미치다, 뒤쳐지지 않다
  Helen had to work hard in order to **catch up with** the rest of the class. (헬렌은 학급의 다른 학생들에게 뒤쳐지지 않기 위하여 열심히 공부하지 않으면 안되었다.)

- **confine ~ to …** …에만 국한하다
  The industrial revolution has not been **confined to**

Britain. (산업혁명은 영국에만 한정되지 않았다.)

👁 **consist in**   ~에 있다, ~에 존재하다
Happiness **consists in** contentment.
(행복은 만족에 있다.)

👁 **be content with ~**   만족하다
Are you content with your present salaty?
(그대는 현재의 급료에 만족하는가?)

👁 **escape from**   ~에서 도망하다
Gas is **escaping from** the burner.
(가스가 버너에서 새어 나오고 있다.)

👁 **fall on (upon)**   (축제일 따위가) 바로 …날이다, 닥치다, ~을 습격하다
A heavily-armed band of robbers **fell upon** the caravan just before dark. (일몰 직전에 중장비한 도적의 한 떼가 대상을 습격했다.)

👁 **feel like -ing**   ~하고 싶다
I don't **feel like staying** indoors on such a beautiful day. (이렇게 날씨 좋은 날에 집에 있고 싶지 않다.)

👁 **fill with**   ~으로 가득하다
The stores are **filled with** women who are in no hurry to return home.
(가게는 집에 돌아가기를 서두르지 않은 부인들로 가득찼다.)

👁 **for the purpose of(-ing)**   ~의 목적으로, ~을 위하여
She is studying Englisg **for the purpose of going** abroad. (그녀는 해외에 가기 위해 영어를 공부하고 있다.)

👁 **get out of**   ~에서 나오다, ~에서 내리다, ~에서 꺼내다, ~을 알아내다
He **got out of** a carriage. (그는 마차에서 내렸다.)

- **glance at** ~을 힐끗보다
  He took a **glance at** her face.
  (그는 그녀의 얼굴을 힐끗 보았다.)

- **have got to** ~하지 않으면 안된다
  I'**ve got to** pass this time.
  (이번에 합격하지 않으면 안된다.)

- **hold out** 계속 지탱하다, 유지하다, 제출하다, (손을) 내밀다
  He **held out** his hands to her and helped her up.
  (그는 그녀에게 두손을 내밀어 그녀를 부추켜 일으켰다.)

- **identify A with B** A와 B를 동일시하다
  She **identified** his success **with** her own.
  (그녀는 그의 성공을 자기 자신의 성공과 똑같이 생각했다.)

- **if it were not for** 만약 ~이 없다면
  If it were not for your help, I would have failed.
  (너의 도움이 없다면 나는 실패하였을 것이다.)

- **be ignorant of ~** ~을 모르다
  I **am ignorent of** what she intends to do.
  (그녀가 무엇을 하려고 하는지 나는 모른다.)

셋째 주

(1) **다음 숙어의 뜻을 영어로 바꾸시오.**
   ① 바로 지금 ② ~에 뒤쫓아 미치다
   ③ ~에 있다 ④ ~으로 가득하다

(2) **다음 숙어의 뜻을 쓰시오**
   ① break down ② confine to
   ③ feel like -ing ④ if it were not for

(3) **다음 우리말에 맞게 숙어를 완성하시오.**
   ① (전쟁 화재 따위가) 일어나다. break ( )
   ② 바로 ~날이다. fall ( ).
   ③ ~에서 나오다. get out ( )
   ④ ~ 하지 않으면 안된다. have got ( )

(4) **다음 문장의 밑줄친 부분을 번역하시오.**
   ① You my drink <u>anything</u> but that.
   ② She is studying English <u>for the purpose of going abroad</u>.
   ③ <u>If it were not for your Help</u>, I would have failed.

(5) **( ) 안에 전치사를 넣어 숙어를 완성하시오.**
   ① catch up ( ) (~에서 뒤쫓아 미치다)
   ② ( ) a way (어떤 점에서는)
   ③ escape ( ) (~에서 도망하다)

Third day

- **in the future** 장래, 미래에
  There is no telling what will happen **in the future**.
  (장래 무슨 일이 생길지 모른다.)

- **be independent of ~** ~에서 독립하고 있다, ~와 관계가 없다
  The two incidents **are independent of** each other.
  (그 두 사건은 상호 관계가 없다.)

- **interfere with** 방해하다, 충돌하다
  Rain **interferes with** the work that I am doing.
  (비가오면 내가 하고 있는 일에 지장을 초래한다.)

- **it is true ~ but** 과연 ~이지만, 그러나~
  It is true that he is rich, **but** he is not happy.
  (과연 그는 부자이지만 행복하지는 않다.)

- **look back** 뒤돌아보다, 회고하다
  He **looked back** on his childhood.
  (그는 어릴적을 회고했다.)

- **make progress** 진행하다(진보향상)
  We have **made** some **progress** in the education of feeble-minded children.
  (정신 박약자의 교육은 얼마간 향상되었다.)

- **many a** 많은
  Many a student is absent today.

(오늘은 많은 학생이 결석하고 있다.)

👁 **now that** ~이니까, ~인(한) 이상은
Now that the vast majority are workmen, work is honoured.
(대다수의 사람이 노동자이니까 노동이 존중되는 것이다.)

👁 **on the ground (that) of** ~이라는 이유로
The teacher ordered me out of the room **on the ground that** I was impolite.
(선생님은 나를 버릇없다는 이유로 방에서 나가라고 하셨다.)

👁 **be open to ~** ~의 여지가 있다, ~에 대하여 문호가 개방되었다
The opinion **is open to** criticism.
(그의 의견에는 비평의 여지가 있다.)

👁 **play with** ~을 가지고 놀다, ~을 만지작 거리다
Why aren't you **playing with** your new toy car?
(어째서 새 장난감차를 가지고 놀지 않니?)

👁 **put up** ~을 내걸다, (천막을) 치다, (집을) 짓다
Let's **put up** the tents at once. (곧 천막을 치자.)

👁 **reduce A to B** A와 B로 바꾸다
He **reduved** his ideas **to** a picture.
(그는 생각하고 있는 것을 그림으로 바꿨다.)

👁 **rely on (upon)** ~에 의지하다, 기대(신뢰)하다
We cannot **rely on** his memory.
(그의 기억은 기대할 수 없다.)

👁 **resort to** (수단에) 호소하다, 의지하다, 자주가다
If other means fail, we shall **resort to** force.
(만약 다른 방법이 실패한다면 우리는 힘에 호소하겠다.)

- **see through** ~을 꿰뚫어보다, ~을 간파하다
  I could **see through** the trick of his magic.
  (나는 그의 마술의 속임수를 꿰뚫어 볼 수 있었다.)

- **should like to** ~하고자 한다
  I **should like** you **to** come.
  (당신이 와주시면 좋겠습니다.)

- **stand up** 일어서다, 지속하다
  He **stood up** and offered her his seat.
  (그는 일어서서 그녀에게 자리를 양보했다.)

- **be supposed to ~** ~하기로 되어 있다, ~해서는 안 되도록 되어있다
  In England we **are** not **supposed to** play baseball on Sundays.
  (영국에서는 일요일에 야구를 해서는 안되게 되어있다.)

- **take advantage of** ~을 이용하다, 틈타다, 속이다
  Don't **take advantage of** other weakness.
  (타인의 약점을 이용하지 마시오.)

- **take after** ~을 닮다, 모방하다(resemble)
  These two girls **take after** their mother in appearance.
  (이 두 소녀는 모습이 어머니를 닮았다.)

- **take out** 꺼내다, 데리고 가다
  I **took out** the watch and laid it on the table.
  (나는 그 시계를 꺼내어 탁자 위에 놓았다.)

셋째 주

(1) 다음 숙어의 뜻에 맞는 숙어를 쓰시오.
 ① 장래   ② 뒤돌아 보다
 ③ 많은   ④ ~을 내걸다
 ⑤ (수단에) 호소하다

(2) 다음 숙어의 뜻을 쓰시오.
 ① be indepentent of ~   ② it is true ~ but
 ③ make progress   ④ rely on (upon)

(3) 다음 숙어를 완성하시오.
 ① 방해하다   interfere (   )
 ② ~이라는 이유로   on the ground (   )
 ③ 모방하다   take (   )

(4) 다음 문장의 ( ) 안에 알맞는 단어를 넣으시오.
 ① Rain interferes (   ) the work that I am doing.
 ② It is true that he is rich, (   ) he is not happy.
 ③ He (   ) his ideas (   ) a picture. (A를 B로 바꾸다)
 ④ I could (   ) (   ) the trick of his magic. (~을 간파하다)
 ⑤ These two girls (   ) (   ) their mother in appearance.(모방하다)
 ⑥ I (   ) (   ) you to come. (~하고자 한다)
 ⑦ Why arn't you playing (   ) your new toy car?
 ⑧ (   ) a (   ) is absent today. (많은 학생이)

fourth day

- **tired of ~, be (get)** ~에 싫증이 나다, 싫어지다
  I'm **tired of** him. (나는 그에게 싫증을 느낀다.)

- **to be sure** 확실히, 과연
  He has a clever head, **to be sure**, but he has no heart.
  (과연 그는 머리는 좋으나 인정이 없다.)

- **turn into** ~로 변하다, ~로 들어가다
  The food we eat is **turned into** blood that keeps us alive. (섭취된 음식은 우리들의 생명의 원천이 되는 혈액으로 변한다.)

- **turn up** 위를 향하다, 위로 구부리다, 나오다, 나타나다
  She has not **turned up** yet. (그녀는 아직 오지 않았다.)

- **what is called** 소위
  He is **what is called** a genius. (그는 소위 천재다.)

- **with case** 쉽게, 용이하게(easily)
  He can do it **with case**. (그는 그것을 쉽게 할 수 있다.)

- **acquainted with ~, be** ~을 알고 있다, ~에 정통하고 있다
  He **was acquainted with** the problem from the beginning. (그는 처음부터 그 문제를 알고 있다.)

- **add A to B** A를 B에 더하다
  Add 5 **to** 3 and you have 8. (3에 5를 더하면 8이 된다.)

👁 **appear to**　~인 것 같다, ~으로 생각하다
The report **appears** to be true.
(그 보고는 사실인 것 같다.)

👁 **arise from**　발생하다, ~로부터 일어나다
Many great men have **arisen from** very humble beginnings.
(비천한 집에서 출세한 많은 위대한 사람들이 있다.)

👁 **as it is**　(문장 끝에 있을때) 현재 상태로, 있는 그대로
(문장 첫머리에서) 사실은, 실제로는
They do not give us the naked truth **as it is**.
(그것들은 진실을 있는 그대로 우리에게 보여주고 있지 않다.)

👁 **as usual**　여느 때처럼, 평소와 같이
He is idle **as usual**. (그는 여느때처럼 빈둥빈둥 놀고 있다.)

👁 **at the bottom (of)**　~의 밑바닥에, ~의 밑에, ~의 원인으로
He is **at the bottom of** his class.
(그는 그의 반에서 꼴찌이다.)

👁 **at the mercy of**　~의 처분에 달려(in the power of)
The more things a man is interested in, the more opportunities of happiness he has, and the less he is **at the mercy of** fate.
(사람은 흥미를 갖는 것이 많으면 많을수록, 그만큼 행복해질 기회가 많고, 운명에 희롱 당하는 것이 그만큼 적어진다.)

👁 **attribute A to B**　A는 B의 탓이다
He **attribute** his success **to** good luck.
(그는 자기의 성공을 행운탓이라고 했다.)

👁 **attached to ~, be**　~에 애착이 있다
Her little brothers were deeply **attached to** her.

(어린 남동생들은 그녀를 몹시 따랐다.)

- **call up**　(누구에게) 전화를 걸다
  I **called** him **up** at five in the afternoon.
  (나는 오후 5시에 그에게 전화를 했다.)

- **available to ~, be**　~이용되다, 소용되다
  Tapes **are available to** us for language learning.
  (어학 공부를 위해서는 누구든지 테이프를 이용할 수 있다.)

- **communicate with**　~과 통신하다
  He looked upon himself as a writer who should be able to **communicate with** all kinds of people.
  (그는 자기를 모든 종류의 사람들과 의사를 서로 통할 수 있는 작가라고 생각하고 있다.)

- **concentrate on (upon)**　~에 집중하다
  You should **concentrate** (your attention) **on** (upon) your work. (당신은 일에 주의를 집중하지 않으면 안된다.)

- **composed of ~, be**　~으로 이루어지다 (=consist of)
  Water **is composed of** hydrogen and oxygen.
  (물은 수소와 산소로 이루어져 있다.)

- **disagree with**　~과 일치하지 않다
  Your answer **disagrees with** mine.
  (너의 해답은 나와 일치하지 않는다.)

셋째 주

(1) 다음 숙어의 뜻에 해당하는 숙어를 쓰시오.
① 위를 향하다
② A를 B에 더하다
③ 여느 때처럼
④ ~이용하다
⑤ ~에 집중하다

(2) 다음 숙어에 맞는 뜻을 쓰시오.
① what is called
② appear to
③ call up
④ enter into

(3) 다음 우리말과 같은 뜻의 숙어를 완성하시오.
① 확실히 ( ) be sure
② 발생하다 arise ( )
③ ~과 통신하다 communicate ( )

(4) 다음 밑줄친 부분을 번역하시오.
① I'm <u>tired</u> of him.
② The report <u>appears to be true</u>.
③ Your answer <u>disagree with</u> mine.

(5) 다음 문장의 ( ) 안에 알맞는 단어를 넣으시오.
① The food we eat is turnned ( ) blood that keeps us alive.
② ( )( )( ), I don't like his way of life. (사실은)
③ He is idle ( ) usual.
④ You should concentrate ( ) your work.
⑤ Water ( )( )( ) hydrogen and oxygen. (~으로 이루어지다)

fifth day

- **be essential to ~** ~에 필수불가결하다
 Exercise **is essential to** health.
 (운동은 건강에 절대 필요하다.)

- **every time** ~할 때마다 (= Whenever), ~할때는 언제나
 Every time it rains, I have a pain in the knee.
 (비가 올때면 언제나 나는 무릎이 아프다.)

- **fail in** ~에 실패하다
 If I **fail in** that I will probable never pay you at all.
 (만약 내가 그 일에 실패하면 아마 네게 전혀 지불을 못하게 될 것이다.)

- **fall into** ~이 되다, ~에 빠지다, ~하기 시작하다
 Young men and women are apt to **fall into** temptations.
 (젊은 남녀들은 유혹에 빠지기 쉽다.)

- **for a time** 한때, 임시로, 당분간
 He stayed in New York **for a time**.
 (그는 한때 뉴욕에서 머물렀다.)

- **for all** ~에도 불구하고 (= in spite of)
 For all his wealth, he is not contented.
 (그는 돈이 많은데도 만족하지 않는다.)

- **glad to ~, be** 기꺼이 ~하는, ~해서 기쁜
 I am **glade to** see you. (만나서 기쁩니다.)

셋째주

- **go by** (날, 때가) 경과하다, 지나가다
  As time **goes by**, many of us lose this priceless talent.
  (때가 지남에 따라 우리들의 대부분은 이 귀중한 능력을 잃는다.)

- **in accordance with** ~에 따라, ~대로, ~와 일치하다
  Everything has been done **in accordance with** the rules. (모든 일이 규정에 따라 행해졌다.)

- **in return** 보답으로, 답례로, 대신에
  What shall I give him **in return** for his present?
  (그의 선물에 대한 답례로 무엇을 줄까?)

- **judge by** ~으로 판단되다
  Don't **judge** others **by** appearance.
  (다른 사람을 외모로 판단하지 마라.)

- **keep on** 계속하다, (몸에) 입은채 있다
  If you **keep on** making a nuisance of yourself, they'll ask you to leave.
  (계속 폐를 끼치고 있으면 물러가도록 요청할 것이다.)

- **keep up** 지탱하다, 유지하다, 계속하다
  It costs a lot of money to **keep up** a car.
  (자동차를 유지하는데는 많은 돈이 든다.)

- **lead a life** ~의 생활을 하다
  They wanted to **lead an** easy going **life** without any fixed job. (그들은 어떤 일정한 직업없이 마음 편한 생활을 하기를 바랬다.)

- **last ~ should** ~하지 않도록, ~하면 안되므로
  Work hard lest you **should** fail in the entrance examination.
  (입학 시험에 떨어지지 않도록 열심히 공부하여라.)

- **look about** 주변을 둘러보다, 둘러보아 찾다

I had no time to **look about** me.
(나는 나의 주변을 둘러 볼 틈이 없었다.)

- **make for** ~의 이익이 되다, ~으로 향하여 나아가다
We **made for** a light we saw in the distance.
(우리는 먼곳에 보이는 불빛으로 향하여 나아갔다.)

- **make up for** ~의 보상을 하다
Idleness and distraction **make up for** the time wasted on work. (나태와 기분전화은 일로 낭비된 시간을 보충한다.)

- **on the basis of** ~을 기초로 하여
People are often hired **on the basis of** jpb interviews in which quick appraisal in made. (사람들은 성급한 평가가 내려지는 면접에 근거하여 고용되는 수가 많다.)

- **on the one hand** ~한편으로, 그 반면에
On the one hand, it is the fine arts of genius.
(그 반면에 그것은 천재의 예술이다.)

- **on the way** ~에 가는 도중
I met your brother **on the way** this morning.
(나는 오늘 아침 도중에서 자네 형님을 만났다.)

- **out of order** 순서가 어긋나, 흐트러져, 고장「탈」이 나서
The clock is **out of order**. (그 괘종시계는 고장이다.)

- **only to** 단지 ~하기 위하여, ~한거나 마찬가지가 되다.
I tried to persuade him **only to** offend him.
(그를 설득하려 했으나, 결과는 그를 화나게 했을 따름이다.)

- **none the less** 역시, 그래도, 그럼에도 불구하고
It is **none the less** true. (그래도 그것은 사실이다.)

셋째 주

(1) **다음 숙어의 뜻을 쓰시오.**
   ① fail in
   ② go by
   ③ in accordance with
   ④ keep up
   ⑤ make up for

(2) **다음 밑줄친 부분을 번역하시오.**
   ① I had no time to <u>look about me</u>.
   ② It costs a lot of money to <u>keep up a car</u>.
   ③ <u>On the one hand</u>, it is the fine art of genius.

(3) **다음 우리말에 맞는 숙어를 쓰시오.**
   ① 한때
   ② 보답으로
   ③ ~의 생활을 하다.
   ④ 역시, 그래도
   ⑤ ~가는 도중

(4) **다음 문장의 ( ) 안에 알맞는 단어를 넣으시오.**
   ① I am ( ) ( ) see you. (~해서 기쁜)
   ② As time goes ( ), many of us loss this priceless talent.
   ③ Don't judge other ( ) appearance.
   ④ Work hard ( ) you ( ) fail in the entrance examination.

Sixth day

- **pass through** ~을 통과하다, (생각이) 스치다, 거치다
 British universities have **passed through** three stages. (영국의 대학은 세 단계를 거쳐왔다.)

- **prefer to** ~을 더 좋아하다
 I **prefer to** leave it alone.
 (나는 오히려 그대로 두었으면 한다.)

- **recover from** ~에서 회복하다
 Some patients **recover from** an operation quickly.
 (수술 후의 회복이 빠른 환자도 있다.)

- **relate to** ~와 관계가 있다, ~와 인척이다
 Spiders are not insects, nor even nearly **related to** tnem. (거미는 곤충이 아니며 또 곤충에 가까운 관계가 있는것 조차도 아니다.)

- **run into** ~에 뛰어들다, (강이)~에 흘러들다, ~에 달하다
 A dump truck **ran into** an electric train.
 (덤프 트럭이 전차와 충돌했다.)

- **see to it that** ~을 돌보다, ~을 처리하다
 Please **see to it that** the works is done properly.
 (일이 제대로 되도록 주의해 주시오.)

- **set about** ~을 하기 시작하다(= begin), ~에 착수하다
 The maid **set about** washing the clothes.
 (하녀는 의복을 세탁하기 시작했다.)

- **slow down** (속력을) 늦추다, (속력이) 떨어지다
  You may say that the business of marking books is going to **slow up** your reading. (너는 책에 표시를 하는 일이 너의 독서를 더디게 하게 된다고 말하는지도 모른다.)

- **something of** 얼마간, 약간, 다소
  He has **something of** the musician in him.
  (그에게는 약간 음악가의 소질이 있다.)

- **take ~ into account** ~을 참작하다, 고려하다
  You should **take** these **into account**.
  (너는 이것들을 참작해야 한다.)

- **take on** ~을 떠맡다, 가장하다, 띠다, 취하다, 고용하다
  The manager has agreed to **take** him **on**.
  (지배인은 그를 고용할 것을 승낙했다.)

- **turn away** 외면하다, 해고하다, 쫓아내다
  He **turned away** from sin. (그는 죄를 회개했다.)
  He **turned away** a begger from his door.
  (그는 문전에서 거지를 내쫓았다.)

- **turn around** 방향을 바꾸다, 주의(主義)를 바꾸다
  He **turned around** and faced her.
  (그는 방향을 바꾸어 그녀와 마주 보았다.)

- **turn down** 구부리다, 접다, 거절하다
  The proposal was **turned down**. (그 제안은 거절되었다.)

- **turn off** 해고하다, (길을) 잘못들다, (전등을) 끄다
  Please **turn off** the radio. (라디오를 좀 꺼 주시오.)

- **turn on** (라디오 따위를) 틀다, (전등을) 켜다
  She **turned on** the stove. (그녀는 난로를 피웠다.)

셋째 주

(1) 다음 숙어의 뜻을 두 개씩 쓰시오.
① run into
② slow down
③ something of
④ turn down
⑤ turn on

(2) 다음 보기에서 우리말에 해당하는 숙어를 고르시오.
① 해고하다 ( )
② ~와 친척이다 ( )
③ ~을 참작하다 ( )
④ ~을 더 좋아하다 ( )
⑤ ~을 돌보다 ( )

[보기] ㉮ prefer to ㉯ relate to ㉰ see to it that
㉱ turn away ㉲ take ~ into account

(3) 다음 문장의 ( ) 안에 알맞는 단어를 넣으시오.
① Brotish universities have passed ( ) three stages.
② Some patients ( ) ( ) an operation quickly.
(~에서 회복하다.)
③ You should take these into ( ).
④ The maid ( ) ( ) washing the clothes.
(~에 착수하다.)
⑤ He ( ) ( ) and faced her. (방향을 바꾸다.)
⑥ Please ( ) ( ) the radio. (끄다)
⑦ The conversation turned ( ) national education.
⑧ I prefer ( ) leave it alone.

Seventh day

- **a good many(of)** 다수의
  There are **a good many** people in the ground.
  (운동장에 사람이 많다.)

- **a pair of** 한 쌍의, 한 켤레(벌)의
  A pair of shoes costs £5.
  (신 한 켤레가 5 파운드이다.)

- **accompanied by (with), be** ~이 따르다, 수반하다, 뒤를 이어 일어나다
  He went on a journey, **accompanied by** a servant.
  (그는 하인을 대동하고 여행길에 나섰다.)

- **act on (upon)** ~에 작용하다, ~에 따라 행동하다
  Alcohol **acts on** the brain. (알콜은 뇌에 작용한다.)

- **all but** ~거의 …나 마찬가지다, ~을 제외하고는 모두
  He is **all but** dead.
  (그는 거의 죽은 거나 다름없었다.)

- **along with** ~와 함께(together), 같이
  The body must be developed **along with** the mind.
  (육체는 마음과 함께 발육하지 않으면 안된다.)

- **apply A to B** A를 B에 붙이다, 응용하다
  This rule does not **apply to** every case.
  (이 규칙은 모든 경우에 적용되는 것이 아니다.)

- **apply for** ~을 지원하다, 의뢰하다
  I **applied** to him **for** help.
  (나는 그에게 조력을 의뢰하였다.)

- **as regards** ~에 대하여, ~에 관하여
  As regards punctuality, Father was very strick.
  (시간을 지키는 일에 관해서 아버지는 매우 엄격하였다.)

- **as such** 그런 것으로서
  As he is a child, you had better treat him **as such**.
  (그는 어린아이이므로 어린이로서 다루는 것이 좋다.)

- **at a distance** 조금 떨어져, 떨어진 곳에
  The picture looks beautiful **at a distance**.
  (그 그림은 조금 떨어져서 보면 아름답게 보인다.)

- **at (the) best** 기껏해야, 잘해야, 고작
  He is an average student **at best**.
  (그는 기껏해야 평균적인 학생이다.)

- **at first hand** 직접으로
  He bought a car **at first hand**. (그는 차를 직접 샀다.)

- **at length** 드디어(=at last), 자세히, 충분히
  At length the tall steepe of St. Mary's church came into view. (마침내 성메리 교회의 뾰족탑이 보였다.)

- **at the sight of** ~을 보고, ~을 보자
  The lady began to weep **at the sight of** Mt. Namhan.
  (그 부인은 남한산의 모습을 보고 울기 시작하였다.)

- **attch to** ~에 따르다
  Her little brothers were deeply **attched to** her.
  (어린 동생들은 그녀를 몹시 따랐다.)

- **attend to** 주의하다, 보살피다, 유의하다

셋째 주

All things are **attended to**. (만사는 잘 보살펴져 있다.)

👁 **become of**   ~이 되다, ~으로 되다
What has **become of** him? (그는 어떻게 되었는가?)

👁 **bring on**   야기하다, 초래하다
He has **brought on** an illness by overwork.
(그는 과로 때문에 건강을 헤쳤다.)

👁 **call out**   도전하다, 소집하다
He **called out** for help.
(그는 큰소리로 원조를 청했다.)

👁 **catch sight of**   ~을 찾아내다, 발견하다
If the enemy **catch sight of** us, they will certainly attack us tonight.
(만약 적이 우리를 발견하면 오늘밤 반드시 공격해 올 것이다.)

👁 **come to an end**   끝나다
The war **come to an end.**
(전쟁이 끝났다.)

👁 **convinced of ~, be**   ~을 확신하다.
I am **convinced of** the fact.
(나는 그 사실을 확신한다.)

👁 **deal in**   ~을 팔다, ~에 종사하다
We have the right to **deal in** politics.
(우리는 정치에 관여할 권리가 있다.)

(1) 다음의 뜻에 맞는 숙어를 쓰시오.
① 다수의
② ~에 작용하다
③ ~함께
④ 그런 것으로서
⑤ ~에 따르다

(2) 다음 숙어의 뜻을 쓰시오.
① a pair of
② at a distance
③ at first hand
④ at the sight of
⑤ deal in

(3) 우리말에 맞게 숙어를 완성시키시오.
① ~을 제외하고는 모두 all (　)
② A를 B에 붙이다 apply A (　) B
③ ~을 보고 at the sight (　)
④ 도전하다 call (　)
⑤ ~이 되다 become (　)
⑥ ~로 죽다 die (　)

(4) 다음 밑줄친 부분을 번역 하시오.
① <u>A pair of shoes</u> costs £ 5.
② Alcohol <u>acts on</u> the brain.
③ The body must be developed <u>along with the mind</u>.
④ He has <u>brought on</u> an illness by overwork.
⑤ The war <u>come to an end</u>.
⑥ He <u>called out</u> in his sleep.

셋째 주

first day

- **eagar to ~, be** 간절히 ~하고 싶다
  She is **eagar to** a new dress.
  (그녀는 간절히 새로운 드레스를 갖고 싶어 한다.)

- **earn one's living** 생계를 세우다
  What he was proud was that he could **earn his living** by his pen.
  (그의 자만은 자기의 펜으로 생계를 세울 수 있는 것이었다.)

- **express oneself** 자기의 생각을 말하다, (~이라고 말하다)
  You **express yourself** correctly.
  (군의 의사표시는 정확하다.)

- **face to face** ~얼굴을 맞대고, 직면하여
  She was siting **face to face** with the boy.
  (그 여자는 그 소년과 마주 보고 앉아 있었다.)

- **fall short of** ~에 안닿는, ~에 달하지 않은
  The result of examination **fell short of** my expectation.
  (시험의 결과는 내가 기대한 만큼 되지 않았다.)

- **find fault with** ~을 비난하다, 잔소리하다
  He **finds fault with** everything I do.
  (그는 내가 하는 모든 일에 잔소리를 한다.)

- **find one's way** 길을 찾아가다, ~(목적에)도달하다
  China can **find her way** to a settled system of orderly government. (중국은 일정한 정체(政體)로 도달할 수 있다.)

- **for ever** 영구히
  If they are not down at once on paper, they may be lost **for ever**. (만약 그것들을 곧 종이에 적어놓지 않으면 영구히 잊어버릴 것이다.)

- **free from ~, be** ~이 없는, ~을 벗어난
  The classrooms are **free from** outside sound.
  (교실에는 바깥의 소음이 들려오지 않는다.)

- **gaze at** ~을 응시하다
  She **gazed at** her own reflection in the water.
  (그녀는 물에 비친 자기의 그림자를 응시했다.)

- **hear about** ~을 자세히 듣다
  I have **heard about** his arrival.
  (나는 그가 도착하였다는 말을 자세히 들었다.)

- **hold on** 지속하다, 매달리다, 늘어붙다, 버티다
  At last the could **hold on** no longer.
  (마침내 그는 그 이상 버틸 수가 없었다.)

- **hostile to ~, be** ~에 적의를 갖고 있다, 대립하다
  Overpopulation is **hostile to** freedom.
  (인구과잉은 자유와 대립한다.)

- **in addition (to)** ~에 더하여, ~의 외에
  In addition to Scott himself, four men were chosen for the final dast of 150 miles. (최후의 150마일 돌진을 위하여 스콧 자신 외에 4명이 선발되었다.)

- **in place of** ~의 대신으로
  I will teach **in place of** the principal.
  (내가 교장선생님 대신으로 가르치겠다.)

- **in the absence of** ~이 없을 경우에, 없으므로
  In the absence of communication, the complex

structure of modern society would be utterly impossible. (연락기관(교통, 통신기관)이 없다면 현대사회의 복잡한 구조는 존재할 수 없을 것이다.)

👁 **in the face of**   ~을 맞대놓고, ~임에도 불구하고
He acted calmly **in the face of** imminent death.
(그는 죽음에 직면하면서도 태연히 행동하였다.)

👁 **involve A in B**   A와 B에 포함하다
The last thing most Americans dreamed of was Amerca's being **innolved in** a war. (대부분 미국 사람들은 미국이 전쟁에 말려들리라고는 꿈에도 생각지 못했다.)

👁 **know of**   ~이 있는 것을 알다, ~이 일어난 것을 알다
There is no such a man that I **know of**.
(그런 사람은 없는 것 같다, 즉 내가 아는 한에서는 그렇다.)

👁 **laugh at**   ~을 (보고, 듣고) 웃다, ~을 비웃다
I **laughed at** the notion of his going abroad.
(나는 그가 외국에 가려는 것을 비웃었다.)

(1) 다음 밑줄친 부분을 번역하시오.
   ① He <u>expressed himself</u> satisfied.
   ② I can not <u>find fault with</u> his conduct.
   ③ Overpopulation <u>is hostile to freedom</u>.

(2) 다음 숙어의 뜻을 쓰시오.
   ① earn one's living   ② face to face
   ③ find one's way   ④ gaze at
   ⑤ in place of

(3) 다음 우리말의 뜻에 맞는 숙어를 쓰시오.
   ① ~에 안닿는   ② ~이 없는
   ③ ~에 대하여   ④ ~을 맞대놓고
   ⑤ ~을 비웃다

(4) 다음 ( ) 안에 맞는 전치사를 넣으시오.
   ① She is eagar ( ) a new dress.
   ② China can find her way ( ) a settled system of orderly.
   ③ At last he could hold ( ) no longer.
   ④ ( ) addition to Scott himself, four men were chosen for the final dash of 150 miles.
   ⑤ He acted calmly in the face ( ) imminent death.
   ⑥ This is all that I knowv ( )
   ⑦ They all laughed ( ) a joke.

Second day

- **long for** ~을 그리워하다, 열망하다
  All the people **long for** peace.
  (온 국민이 평화를 열망하고 있다.)

- **look on (upon)** ~을 구경하다, 간주하다
  Look upon both side of the shield.
  (방패의 양면(사물의 표리)을 보라.)

- **look out** 밖을 보다, 주의하다(=be careful)
  "**Look out!**" he cried.
  ("주의하라"고 그는 소리쳤다.)
  ☞ look out of ~는 「~에서 밖을 내다보다」의 뜻 : look out of the window. (창을 통하여 밖을 내다보다). 단 of 를 생략하는 수도 있음.

- **lots of** 많은
  He has spent **lots of** money.
  (그는 많은 돈을 써버렸다.)

- **make an attempt to** ~하려고 시도하다
  He **made no attempt to** conceal his feelings of mental superiority. (그는 지적 우월감을 감추려고 하지 않았다.)

- **make oneself understood** 자기의 말을 남에게 이해시키다
  Can you **make yourself understood** in English?
  (영어로 의사소통 할 수 있습니까?)

- 👁 **no more**   이제는 ~이 아니다
  The stream on which you once played pirates **no more** a lovely gleaming river.
  (너희들이 옛날 해적놀이를 하고 놀았던 흐름은 이미 반짝 반짝 반짝 빛나는 아름다운 강이 아니다.)

- 👁 **not ~ any more than ~**   ~이 아닌 것과 같이 ~이 아니다
  We can **not** live without air **any more than** fish can without water.
  (물고기가 물 없이는 살 수 없는 것과 같이 우리는 공기 없이는 살 수 없다)

- 👁 **not(in) the least**   조금도 ~않다
  He had **not the least** objection.
  (그는 조금도 이의가 없었다.)

- 👁 **now and then**   때때로
  It is good to take a walk **now and then**.
  (때때로 산보하는 것은 좋은 일이다)

- 👁 **on a(large) scale**   대규모로
  He invested a large sum of capital to carry on business **on a large scale**.
  (그는 대규모의 장사를 하기 위하여 많은 자본을 투자하였다.)

- 👁 **on the part of**   ~의 편에서는, ~을 대신하여
  He apologized **on the part of** his brother.
  (그는 동생을 대신하여 사죄하였다.)

- 👁 **on the point of ~ ing**   바야흐로 ~하려 하여
  He is **on the point of starting**.
  (그는 막 출발하려고 한다.)

- 👁 **once again**   다시한번

넷째 주

I must try it **once again**.
(나는 그것을 다시한번 해보지 않으면 안된다.)

- **one by one**   하나씩 차례로
 One by one the chilldren married and moved away.
 (아이들은 차례로 결혼하여 떠나갔다.)

- **one thing** ~ **another**   ~와 … 와는 다르다
 To know is **one thing**, to teach is **another**.
 (알고 있다는 것과 가르친다는 것은 다르다.)

- **out of the question**   문제가 안되는, 생각조차 할 수 없는
 It is **out of the question** that the old man had much savings. (그 노인이 많은 저금을 하고 있으리라고는 생각지도 못한 일이다.)

- **parts of**   ~의 각부분
 Only **part of** them were rescued.
 (그들 가운데서 일부만이 구조되었다.)

- **pass by**   통과하다, 묵과하다, 경과하다
 A man happened to **pass by**.
 (우연히 한 사람이 지나가게 되었다.)

- **persist in**   주장하다, 고집하다
 Don't **persist in** asking silly question.
 (어리석은 질문을 계속하는 것을 삼가해 주십시오.)

- **pretend to**   ~인 체하다, 꾀하다, 구하다
 I do not **pretend to** give you such a sum.
 (나는 그런 금액을 네게 줄 의향이 없다.)

- **related to** ~, **be**   ~와 관계가 있다, 친척이다
 He is **related to** my family. (그는 우리집과 친척이다.)

- **respond to**   ~에 감응하다, 공명하다, ~에 답하다

He worked hard, **responding to** his master's kindness.
(그는 주인의 친절에 응하여 열심히 일하였다.)

👁 **rest on(upon)** ~에 의존하다, ~에 의거하다
Success **rests on** your efforts.
(성공은 당신의 노력에 달려 있습니다.

👁 **rob A of B** A에게서 B를 빼앗다
He **robbed** me **of** my pulse. (그는 내 지갑을 강탈했다.)

👁 **run out of** ~을 다 써버리다, 바닥이 나다
We've **run out of** letter paper. (편지지가 다 떨어졌다.)

👁 **satisfied with ~, be** ~에 만족하다
I was greatly **satisfied with** the result.
(나는 그 결과에 크게 만족했습니다.)

👁 **say to oneself** 스스로 다짐하다, 혼잣말하다
"I'm tired of life." he **said to himself**.
("나는 인생에 싫증났다."라고 그는 혼잣말을 했다.)

넷째 주

(1) 다음 우리말에 맞도록 ( )안에 적당한 단어를 넣으시오.
① 자기의 말을 남에게 이해시키다   make oneself ( )
② 다시 한번   once ( )
③ 이제는 ~이 아니다   ( ) more
④ ~의 편에서는   ( ) the part of

(2) 다음 숙어에 해당하는 뜻을 쓰시오.
① look out   ② long for
③ now and then   ④ on the part of
⑤ respond to

(3) 다음 숙어에 맞는 뜻을 쓰시오.
① 조금도 ~않다   ② 대규모로
③ 통과하다   ④ 주장하다

(4) 다음 문장의 ( )안에 알맞는 단어를 넣으시오.
① "Look ( )," he cried. (주의하라)
② He had not ( ) least objection.
③ It is good to take a walk ( ) and ( ). (때때로)
④ To know is one thing, to teach is ( ).
⑤ Sleep was out of the ( ) in such a place.
⑥ Don't persist ( ) asking silly question.

Third day

- **so far as** ~하는 한에서는
  So for as I know, he is honest.
  (내가 아는 한에서는 그는 정직하다.)

- **sure to ~, be** 꼭 ~하다, 반드시 ~하다
  You are **sure to be** satisfied with the result.
  (너는 그 결과에 반드시 만족 할 것이다.)

- **take notice of** 주목하다, 주의하다, 상대하다
  I warned him. but he **took** little **notice of** it.
  (나는 그에게 경고했으나 그는 별로 주의하지 않았다.)

- **take one's place** 착석하다, ~에 대신하다
  The child **took her place** by the side of her father.
  (그 아이는 부친의 곁에 자리를 잡고 있었다.)

- **take pride in** ~을 자랑하다(뽐내다)
  She **takes pride in** her present job.
  (그녀는 지금의 직업을 자랑으로 삼고 있다.)
  ☞전치사에 주의. take (a) pride in ; 명사), pride oneself on (upon) ; 동사 (뽐내다)

- **throw away** ~을 내던지다, 헛되게 하다
  He got up and stepped slowly towards the girl, **throwing away** his cigarette. (그는 일어서서, 담배를 내던지고 천천히 그 소녀 쪽으로 다가왔다.)

- **to some extent** 어느 정도까지

넷째 주

Colthes reveal the taste of the wearer and, **to some extent**, his character. (의복은 입고있는 사람의 취미나 어느 정도까지 그 사람의 성격을 나타낸다.)

👁 **with all** ~에도 불구하고, ~은 있으면서
With all his efforts, he lost the match.
(노력을 하였는데도 그는 시합에 졌다.)

👁 **again and again** 몇번이고 되풀이하여
He played the same record **again and again**.
(그는 똑같은 레코드를 몇번이고 틀었다.)

👁 **ahead of** ~앞에, ~ 보다 앞서
He was running 50 meters **ahead of** me.
(그는 나보다 50 미터 앞을 달리고 있었다.)

👁 **all the more** 더욱 더, 한층 더, 도리어 더
I love him **all the more** because he has some faults.
(그에게 약간의 결점이 있기 때문에 나는 그를 더욱 더 좋아한다.)
☞ more 이외에 여러가지 낱말의 비교급이 쓰임. 이유를 나타내는 구나 절을 수반하여 「더욱더」의 뜻.

👁 **allow to ~** 허가하다, 인정하다
Everyone is not **allowed to** enter this room.
(누구나 이 방에 들어오지 못한다.)

👁 **amazed at ~, be** ~에 깜짝 놀라다
He was **amazed at** the sight of the dark cloud.
(그는 그 먹구름을 보고 깜짝 놀랐다.)

👁 **enxious to ~, be** 대단히 ~하고 싶어하다, 갈망하다
He **is enxious to** please everybody.
(그는 누구나 다 기쁘게 하기를 원한다.)
I am **enxious to** know the result.
(나는 그 결과를 무척 알고 싶다.)

(1) **다음을 우리말에 맞게 숙어를 완성하시오.**
  ① 주목하다   take notice (   )
  ② ~을 자랑하다   take pide (   )
  ③ ~에도 불구하고   with (   )
  ④ 허가하다   allow (   )

(2) **다음 숙어의 뜻을 쓰시오.**
  ① be sure to ~   ② to some extent
  ③ all the more   ④ amazed at ~, be
  ⑤ ahead of

(3) **다음 밑줄친 부분을 번역하시오.**
  ① He played the same <u>record again and again</u>.
  ② <u>I love him all the more</u> because he has some faults.
  ③ <u>With all his efforts</u>, he lost the match.

(4) **다음 문장의 ( )안에 알맞는 단어를 쓰시오.**
  ① You are sure (   ) be satisfied with the result.
  ② She takes pride (   ) her present job.
  ③ With (   ) his efforts, he lost the mach.
  ④ He played the same record (   ) (   ) (   ). (몇번이고 되풀이 하여)
  ⑤ I am (   ) (   ) know the result. (무척 알고 싶어 한다.)
  ⑥ I arrived (   ) the atation just in time.

fourth day

- **as follows** 다음과 같이
  The list of the guests is **as follows** : Tom Brown, Jogn Smith, …
  (내객 명부는 다음과 같다 : 톰, 브라운, 존 스미드, …)

- **as good as** ~이나 다름없는, 거의, ~에 충실한
  He was **as good as** dead. (그는 죽은거나 다름없었다.)

- **at a loss** 어쩔줄 모르고, 어리벙벙하여
  I am **at a loss** how to act. (어쩌면 좋을지 모르겠다.)

- **at any time** 언제든지
  You are admitted into the night school **at any time**.
  (당신은 언제든지 야학에 입학 할 수 있습니다.)

- **at first sight** 한눈에 보고, 첫번째 보고
  I thought the picture uninteresting **at first sight**.
  (한번 본 바로는 그 그림이 재미없는 것으로 생각되었다.)

- **at large** 일반적으로
  They are allowed to go **at large**.
  (그들은 자유롭게 갈 것이 허용되었다.)

- **at random** 닥치는 대로, 엉터리로
  These sample were chosen **at random**.
  (이 견본들은 닥치는대로 골라낸 것이다.)

- **boast of** ~을 자랑하다
  He **boast of** his good voice.

(그는 고운 목소리를 자랑거리고 삼고 있다.)

- **break into** ~에 침입하다, 갑자기 ~하기 시작하다
  A robber **broke into** his house.
  (강도가 그의 집에 침입했다.)

- **bring back** 도로 데려오다, 상기시키다
  The story **brought back** my happy days.
  (그 이야기를 듣고 행복했던 지난날이 생각났다.)

- **by virtue of** ~힘으로, ~에 의하여
  He succeeded **by virtue of** hard work.
  (그는 노력한 덕분에 성공하였다.)

- **care about** ~을 걱정하다, ~에 관심이 있다.
  It's the job I **care about**, not the money.
  (내가 관심을 갖고 있는 것은 일이지 돈이 아니다.)

- **carry away** 가져가다, 넋을 잃게하다
  He was **carried away** by the music.
  (그는 음악에 넋을 잃었다.)

- **clear up** (날씨가)개다, 해결하다
  The mistery was **cleared up**. (수수께끼가 풀렸다.)

- **close by** ~의 가까이에, ~의 바로 곁에
  She thought she heard a voice somewhere **close by**.
  (그녀는 어딘지 바로 가까이에서 목소리를 들었다고 생각했다.)

- **come back to** (다시) 머리에 떠오르다
  That scene **comes back to** me. (그 광경이 생각났다.)

- **come on** 오다, 등장하다, (전기 따위가) 들어오다
  Just then a policeman **came on** and arrested the man.
  (바로 그때 경관이 나타나서 그 사람을 체포하였다.)

넷째 주

(1) 다음 우리말에 해당하는 숙어를 완성하시오.
 ① 한눈에 보고   at first ( )
 ② A 하기도 하고 B 하기도 한다   at once A ( ) B
 ③ 닥치는 대로   ( ) random
 ④ ~을 걱정하다   care ( )
 ⑤ 분명하게 하다   clear ( )

(2) 다음 숙어의 뜻을 쓰시오.
 ① as follows ② at large ③ break into
 ④ by far ⑤ by virtue of ⑥ come on
 ⑦ close by

(3) 다음 우리말에 맞는 숙어를 쓰시오.
 ① 가져가다   ② (다시) 머리에 떠오르다
 ③ 어쩔줄 모르고

(4) 다음 문장의 ( ) 안에 알맞는 단어를 쓰시오.
 ① He could command sleep ( ) ( ) ( ). (언제든지)
 ② She is ( ) ( ) stern ( ) tender. (엄하기도 하고 상냥하기도 하다)
 ③ The story ( ) back my happy days.
 ④ He was ( ) away by the ( ). (음악에 넋을 잃었다.)
 ⑤ That scene comes bact ( ) me.

fifth day

- **come up to** ~에 달하다, ~까지 미치다
  The water **came up to** my mouth.
  (물이 내입에 가까이 왔다.)

- **be compared to ~** ~에 비유되다
  Life **is** often **compared to** a voyage.
  (인생은 흔히 항해에 비유된다.)

- **be compelled to ~** ~하도록 강제하다
  I **was compelled to** retire.
  (나는 물러나도록 강요당했다.)

- **continue to** ~하는 것을 계속하다
  The poor will have to **continue to** drink polluted water and breathe polluted air.
  (가난한 사람은 계속 오염된 물을 마시고 오염된 공기를 마시지 않으면 안될 것이다.)

- **cope with** 맞서다, 대응하다
  They cannot **cope with** the problem.
  (그들은 그 문제에 대처할 수 없다.)

- **correspond to** ~에 부합하다, ~에 해당하다
  What is worth having comes at the cost with **corresponds to** its worth.
  (가질 가치가 있는 것은 그 값에 해당하는 댓가를 치르고서 얻게 되는 것이다.)

- **day after day**   오늘도 내일도, 매일
  He did nothing but idle away his time **day after day**.
  (그는 매일 시간을 아무 것도 하는 일 없이 보내고 있을 뿐이었다.)
  We **are** all **endowed with** a conscience.
  (누구에게나 양심이 있다.)

- **be entitled to ~**   ~을 받을 자격 (권리)이 있다
  Every American **is entitled to** an education.
  (모든 미국 사람은 교육을 받을 권리가 있다.)

- **entrust ~ to (with)**   위탁하다, 맡기다
  I **entrusted** the matter **to** him.
  (나는 그에게 일을 맡겼다.)

- **famous for**   ~으로 유명한
  Korea is **famous for** its scenic beauty.
  (한국은 경치의 아름다움으로 유명하다.)

- **far into the night**   밤늦게까지
  They talked **far into the night**.
  (그들은 밤 늦게까지 얘기했다.)
  ☞ ① far 는 의문문·부정문에서 쓰일 때가 많고, 긍정·평서문에서는 a long[short] way(off) 따위의 표현으로 대용되는 경향이 있음.
  ② much 와 같이 비교급·최상급을 강조하는데 쓰임.
  ③ 형용사로서는 the far north(극북), the far past(아득한 옛날), 그 밖에 관용적인 표현 외에는 명사 앞에 쓰지 않음.

- **figure out**   ~을 계산하여 합계를 내다, ~을 이해하다
  It took him several minutes to **figure out** what was going on.
  (무엇을 떠들어대고 있었는가를 그가 이해하는데 몇분이 걸렸

다.)

- **get on with** ~와 의좋게 지내다, 일 따위를 착착 진척시키다
He **gets on** well **with** his students.
(그는 학생들과 사이좋게 지낸다.)

- **go back to** 돌아가다, (~으로) 거슬러 올라가다 (~ to)
She decided to **go back to** him.
(그녀는 그에게 돌아가기로 결심했다.)

- **have a good time** 즐겁게 지내다(보내다)
We **had a** very **good time** at the party.
(파티는 대단히 즐거웠다.)

- **have an effect on** ~에 영향을 미치다, ~에 효과가 있다
The medicine **had no effect on** him.
(그 약은 그에게 효험이 없다.)

- **have seen better days cone' s day** 번창할 때도 있었다, 전성기도 있었다
He **has** already **seen his better days**.
(그의 전성시대는 이미 지나갔다.)
They **have** already **seen** their **better days**.
(그들의 전성시대는 이미 지나갔다.)

넷째 주

(1) 다음 숙어에 해당하는 우리말을 쓰시오.
   ① continue to   ② correspond to
   ③ day after day   ④ famous for
   ⑤ get on with   ⑥ have a good time
   ⑦ come up to

(2) 다음 밑줄친 부분을 우리말로 옮기시오.
   ① He came up to me in the street.
   ② They talked far into the night.
   ③ She decided to go back to him.

(3) 다음 우리말을 숙어로 고쳐 쓰시오.
   ① ~을 받을 권리가 있다   ② ~하도록 강제하다
   ③ ~에 달하다

(4) 다음 문장을 해석하시오.
   Korea is famous for its scenic beauty.

(5) 다음 문장의 ( ) 안에 알맞는 단어를 넣으시오.
   ① They cannot ( ) ( ) the problem. (맞서다)
   ② Life is often compared to a ( ) (항해)
   ③ Every American is entitled ( ) on education.
   ④ He ( ) ( ) well ( ) his students. (~와 의좋게 지내다)
   ⑤ We had a very ( ) ( ) at the party.
   ⑥ The medicine had no effect ( ) him.

Sixth day

- **help ~ with …**   ~의 (일 따위)를 돕다, ~에게 …을 보급하다
  I **helped** my mother **with** the cleaning by lifting furniture. (나는 가구를 들어올리면서 어머니가 하시는 청소를 도와 드렸다.)

- **hold up**   올리다, 강도질하다, 지연시키다, 저지하다
  Hold up your hands. (손 들어)
  They **held up** the banks. (그들은 은행을 털었다.)

- **in a word**   요컨대, 한마디로 말하자면
  In a word, he was the walking dictionary of the office. (요컨대 그는 그 관공서의 산 사전이였다.)

- **in common(have ~ common)**   공통적인, 공동으로
  We have many things **in common**.
  (우리에게는 공통점이 많다.)

- **in conflict with**   ~와 충돌하여
  His opinion is **in conflict with** mine.
  (그의 의견은 내 의견과 맞지 않는다.)

- **in motion**   움직여, 운동(운전) 중의
  He realized that the train was already **in motion**.
  (그는 열차가 이미 움직이고 있는 것을 깨달았다.)

- **in honor of**   ~을 축하하여, ~에게 경의를 표하여
  A banquet was held **in honor of** his safe arrival.

(그의 안착을 축하하여 잔치가 베풀어졌다.)

- **in the main**   대개
  Many of these rules were accurale, but, **in the main**, they were fairly satisfactory. (이들 규칙 가운데 대부분은 부정확하지만, 대체로 꽤 만족스러웠다.)

- **in this respect**   이 점에 있어서는
  His works are superior **in this respect**.
  (그의 작품은 이 점에 있어서는 뛰어나고 있다.)

- **join in**   ~에 참가하다, ~에 가입하다
  He **joined in** the game. (그는 그 게임에 참가하였다.)

- **keep away from**   ~을 피하다, ~에 가까이 하지 않다
  Keep away from the lion's cage.
  (사자우리에 접근하지 말아라.)

- **keep on ~ ing**   계속 ~하다
  If you **keep on making** a nuisance of yourself, they'll ask you to leave.
  (계속 폐를 끼치고 있으면 물러가도록 요청할 것이다.)

- **let alone**   ~은 말할 것도 없고, ~을 방임하다
  The family income did not leave room for pocket money, **let alone** schools for us. (가계는 우리들의 학비는 고사하고 용돈의 여유도 없었다.)

- **look down(upon)**   내려다 보다, 깔보다
  They always **looked down** upon us.
  (그들은 늘 우리를 깔보았다.)
  He looks down upon people. (그는 사람을 항상 멸시한다.)

- **look forward to**   ~을 기대하다, ~을 즐기며 기다리다
  I am now **look forward to** a favourable answer from him. (나는 지금 그로부터 좋은 회답을 기다리고 있다.)

(1) **다음 숙어의 뜻을 두 개씩 쓰시오.**
   ① in a word
   ② in motion
   ③ look down

(2) **다음 우리말에 맞는 숙어를 쓰시오.**
   ① 올리다
   ② 요컨대
   ③ ~와 충돌하여
   ④ ~을 축하하며
   ⑤ 이 점에 있어서는
   ⑥ ~을 기대하다
   ⑦ 계속 ~하다

(3) **다음 문장의 ( )안에 적당한 단어를 넣으시오.**
   ① Hold ( ) your hands.
   ② ( ) ( ) ( ), he was the walking dictionary of the office. (요컨대)
   ③ His opinion is in conflict ( ) mine.
   ④ His works are superior ( ) this respect.
   ⑤ Keep away ( ) the lion's cage.
   ⑥ He ( ) ( ) the game. (~에 참가하다)
   ⑦ They always looked ( ) upon us.

Seventh day

- **look over** ~너머로 보다, (~을) 대충 훑어보다, (~을) 눈감아주다
  Will you **look over** my composition?
  (내 작문을 대충 훑어 봐주게.)

- **make the best of** ~을 될수 있는대로 잘하다, ~을 될 수 있는대로 이용하다
  They have had bad luck, but that always **make the best of** everythings.
  (그들은 운이 좋지 않았으나 모든 것을 잘 이용하고 있다.)

- **may as well** ~하는 편이 좋다
  You **may as well** take the tube.
  (지하철을 타는 편이 낫다.)

- **near to** ~근처에, 가까이에
  Then, **nearer to** the foreground, there is a group of large trees. (게다가 또 전경(前景)에 더 가까운 곳에는 큰 나무들이 서 있다.)

- **not A without B** A 이면 반드시 B 이다
  We can **not** read this novel **without** laughing.
  (이 소설을 읽으면 반드시 웃음이 나온다.)

- **object to** ~반대하다
  They all **objected to** the plan.
  (그들은 모두 그 계획에 반대하였다.)

- **present oneself at** 출두하다, 나타나다
  He **presented himself at** the party.
  (그는 그 모임에 출석했다.)

- **put aside** 제쳐놓다, 치우다
  If you went the article, I will **put** it **aside** for you.
  (이 물건이 필요하시다면 따로 놓아 두겠습니다.)

- **put away** 따로 빼놓다
  She behins to **put away** the tea things.
  (그 여자는 차 도구를 치우기 시작한다.)

- **rather ~ than ···** ~보다는 차라리 ···하는 편이 좋다
  I would **rather** die **than** disgrace myself.
  (치욕을 당하느니 보다는 차라리 죽겠다.)
  ☞ I would rather you went. (네가 가주었으면 하는데)
  와 같이 S + V 의 형식이 계속될 경우는 가정법의 형식으로 됨에 주의.

- **be rich in ~**, ~이 풍부(윤택) 하다
  The river used to **be rich in** fish.
  (전에는 그 강에 물고기가 많았었다.)

- **right away** 즉시, 곧
  If you fell unwell, you had better take this medicine **right away**. (기분이 나쁘면 곧 이 약을 먹는 것이 좋다.)

- **run over** ~을 치이게하다
  The poor dog was **run over** by a car.
  (개는 자동차에 치어 죽었다.)

- **send out** ~을 발송하다, ~을 파견하다, 발산하다
  Because natural gas burns clearly, the vehicles **sent out** almost no hydrocarbons. (천연가스는 깨끗히 타므로, 차량은 거의 탄화 수소를 내지 않았다.)

넷째 주

- **shake up** ~을 뒤흔들어 섞다, 뒤 흔들다
  War undoubtedly **shakes up** our ideas.
  (의심할 여지가 없이 전쟁은 우리들의 생각을 뒤 흔든다.)

- **be short of ~** ~에 부족하다, ~이 모자라다
  I **am short of** both time and money.
  (나에게는 돈도 시간도 부족하다.)

- **smile at** ~을 보고 미소짓다, 방긋웃다, 일소에 붙이다
  She **smiled at** everybody, doing her best as the hostess. (그녀는 호스테스로서 최선을 다하여 모든 사람을 보고 미소 지었다.)

- **stand out** 두드러지다, 버티다
  Mick already **stood out** among his contemporaries.
  (마이크는 이미 같은 연배의 청년들 가운데서는 두드러진 존재가 되어있다.)

- **store up** ~을 저축(저장)하다, 축적하다
  We must **store up** fuel for the winter.
  (겨울에 대비하여 연료를 저축하지 않으면 안된다.)

- **substitute A for B** A를 B 대신으로 사용하다
  Too many persons make the mistake of **substituting** economic possession **for** in tellectual ownership.
  (경제적인 소유로 지적인 소유를 대용한다고 하는 잘못은 저지르는 사람이 지나치게 많다.)

- **be surprised at ~** ~에 깜짝 놀라다
  He **was surprised at** the sight of the dark cloud.
  (그는 그 먹구름을 보고 대경 실색했다.)

STEP BY STEP DOORS TEST 19

(1) 다음 우리말에 맞게 숙어를 완성하시오.
① 나타나다   present oneself ( )
② ~을 될 수 있는대로 잘하라   make the best ( )
③ ~에 부족하다   be short ( ) ~
④ A를 B 대신으로 사용하다   substitute A ( ) B
⑤ ~에 깜짝 놀라다   be surprised ( ) ~

(2) 다음 숙어의 뜻을 쓰시오.
① may as well   ② put aside
③ right away   ④ smile at

(3) 다음 밑줄친 부분을 해석하시오.
① They all <u>objected to the plan</u>.
② You <u>my as well</u> take the tube.
③ The poor dog was <u>run over by a car</u>.

(4) 다음 문장의 ( ) 안에 알맞는 단어를 넣으시오.
① Then, nearer ( ) the foreground, there is a group of large trees.
② We can ( ) read this novel ( ) laughing. (A 이면 반드시 B 이다)
③ He presented himself ( ) the party.
④ If you went the article, I will ( ) it aside for you.
⑤ War undoubtedly shakes ( ) our ideas.

넷째 주

first day

- **take time** 시간이 걸리다
  That will **take** a long **time**.
  (그것은 오랜 시간이 걸릴 것이다.)

- **tell A from B** A와 B를 구별하다
  It is not difficult **tell** blue **from** green.
  (파랑과 초록을 분간하기란 어렵지 않다.)

- **thank A for B** B를 A에게 감사하다
  Thank you **for** your present.
  (선물을 주셔서 감사합니다.)

- **think over** ~을 숙고하다, 곰곰이 생각하다
  I'll give you three days to **think** in **over**.
  (그것을 잘 생각해 보라고 너에게 3일간의 여유를 주겠다.)

- **what about** ~은 어찌될 것인가?
  What about his children? (그의 아이들은 어떠냐?)

- **what we (you) call** 소위
  He is **what you call** a genius. (그는 소위 천재이다.)

(1) **다음 숙어의 뜻을 쓰시오.**
   ① take time ② what about
   ③ what we (you) call

(2) **다음 밑줄친 부분을 해석하시오.**
   ① That will <u>take a long time</u>.
   ② He is <u>what you call</u> a genius.
   ③ I'll give you three days to <u>think it over</u>.

(3) **다음 문장의 ( ) 안에 알맞는 단어를 써 넣으시오.**
   ( ) about his children?

Second day

- **a long time** 오랫동안
  That will take **a long time**.
  (그것은 오랜 시간이 걸릴 것이다.)

- **accuse ~ of** ~을 ~한 일로 나무라다, 비난하다, 고소하다
  I was **accused of** making mistakes.
  (나는 잘못을 저질러 꾸지람 들었다.)

- **adapt A to B** A는 B에 순응하다
  Many fish are able to **adapt** themselves **to** different kinds of water.
  (많은 물고기가 다른 종류의 물에 순응할 수 있다.)

- **all along** 처음부터, 쭉
  He knew in **all along**. (그것을 처음부터 알고 있었다.)

- **all at once** 갑자기, 단번에
  All at once there was a change in her behaviour.
  (갑자기 그 여자의 태도가 변하였다.)
  You can't become a general **all at once**.
  (너는 단숨에 대장이 될 수 없다.)

- **Amount to** 총계가 ~이 되다
  I found that the cost of the furniture would **amount to** 1,000 dollars in all.
  (가구의 총액이 모두해서 1,000 달러에 이른다는 것을 알았다.)

👁 **and that**   게다가, 그것도
We must make up our minds, **and that** at once.
(우리는 결심하지 않으면 안되네, 그것도 당장에 말일세.)

👁 **be anxious for ~**   ~을 간절히 바라다, 갈망하다
They **were anxious for** his safety.
(그들은 그가 무사하기를 바라고 있었다.)

👁 **as ~, so …**   ~와 마찬가지로
As the desert is like a sea, **so** is the camel like a ship.
(사막이 바다라면 배는 낙타다.)

👁 **as compared with**   ~와 비교하면
I have done very little **compared with** what I did last month.
(지난 달에 한 것과 비교하면, 이 달엔 거의 한 것이 없다.)

👁 **as yet**   아직, 지금까지
The plan is working well **as yet**.
(그 계획은 아직까지는 잘 되어가고 있다.)

👁 **associate ~ with**   ~을 연상하다
I **associate** the sea **with** the summer vacation.
(나는 바다라면 여름 휴가를 연상한다.)

👁 **be astonished at ~**   ~에 놀라다
I **was astonished at(by)** the news.
(나는 그 소식을 듣고 깜짝 놀랐다.)

👁 **at all events**   좌우간, 여하튼 간에
He will arrive soon; **at all events**, I was told so.
(그는 곧 도착한다, 하여튼 그렇게 들었다.)

👁 **(at) any time**   언제든지
He could command sleep **at any time**.
(그는 언제든지 마음대로 잘 수 있다.)

다섯 째주

- **at all times** 항상, 모든 경우에
  The scenery of korea is beautiful **at all times** of the year. (한국의 경치는 연중 아름답다.)

- **at most** 많아도, 기껏해야
  It is **at** the **most** half past four. (기껏해서 4 시반이다.)

- **at the expense of** ~의 비용으로, ~을 희생하여, ~에게 괴로움을 끼치고
  The koreans dislike such politeness **at the expense of** frankness. (한국 사람들은 솔직성을 희생으로 한 그 같은 정중함을 좋아하지 않는다.)

- **at the risk of** ~을 내걸고, ~을 무릅쓰고
  Each day they went after food **at the risk of** their lives. (매일 그들은 목숨을 걸고 먹을 것을 구하러 갔다.)

- **at the top of** ~의 꼭대기에, 최대의 ~로
  The lad shouted **at the top of** his lunge.
  (그 소년은 목청껏 외쳤다.)

- **be bound of for~** ~행이다
  The fishing boats **are bound for** the Lofoten Islands.
  (그 어선들은 로포튼 군도 행이다.)

- **by chance** 우연히, 어쩌다가
  I met him **by chance** on the train.
  (우연히 그를 기찻 안에서 만났다.)

- **by hand** 손으로
  This dress is made **by hand**.
  (이 드레스는 손으로 만들었다.)

- **by nature** 나면서 부터, 본래
  That man is honest **by nature**.
  (저 사람은 본성이 정직하다.)

- **by the way** 말이 난김에 말이지, 그런데
  By the way, know many children do you have?
  (그런데 아이들은 몇이나 있습니까?)

- **by way of** ~을 경유해서, ~을 위하여, ~으로서
  He said this **by way of** an introduction.
  (그는 머리말로서 이렇게 말했다.)

- **bring in** 가지고 들어오다, 소개하다, 판결하다
  Once the money has been **brought in**, it loses much of its emotional importance.
  (돈은 일단 벌고나면 그 정서적 중요성을 많이 잃는다.)

- **bring oneself to (do)** ~할 마음이 들다
  I can't **bring myself to** help him.
  (나는 그를 도울 마음이 들지 않는다.)

- **be busy-ing ~** ~하는데 바쁘다.
  I **am busy preparing** for the examination.
  (나는 시험 준비로 바쁘다.)

다 섯 째 주

(1) 다음 두 개의 단어가 같은 뜻이 되도록 ( ) 안에 알맞은 단어를 넣으시오
   ① live on = ( ) on
   ② once more = on ( )
   ③ busy ( ) with = be busy-ing

(2) 다음 숙어의 뜻을 쓰시오.
   ① a long time   ② all at once
   ③ and that   ④ at all times

(3) 다음 보기에서 숙어에 맞는 전치사를 고르시오.
   ① Amount ( )   ② as compared ( )
   ③ at the risk ( ) ④ accuse ( )
   ⑤ bring ( )
   보기 ㉮ with ㉯ of ㉰ to ㉱ in ㉲ of

(4) 다음 우리말에 맞게 숙어를 완성하시오.
   ① ~을 간절히 바라다 be anxious ( ) ~
   ② ~와 마찬가지로 as ~, ( ) ~
   ③ ~을 연상하다 associate ~( )
   ④ 언제든지 at any ( )
   ⑤ ~할 마음이 든다 bring oneself ( )
   ⑥ 우연히 ( ) accdident
   ⑦ 말이 난 김에 말이지 ( ) the way

(5) 다음 문장의 ( ) 안에 알맞는 단어를 넣으시오.
① He knew it ( ) along(처음부터)
② We must make up our minds, ( ) ( ) at once. (게다가)
③ The plan is working well ( ) yet.
④ I associate the sea ( ) the summer vacation.
⑤ He will arrive soon; ( ) ( ) ( ), I was told go. (여하튼 간에)
⑥ ( ) ( ) ( ), how many children do you have? (말이 난 김에 말이지)

Third day

- **come of** ~의 태생이다, ~에 유래하다
  He **comes of** a good family.
  (그는 좋은 집안의 태생이다.)

- **compare with** ~와 비교하다
  Compare yourself not **with** the few that are above you.
  (자기보다 위에 있는 소수의 사람과 자기를 비교하지 말라.)

- **concern oneself with** ~에 관심을 가지다, ~을 근심하다
  He does not **concern himself with** the matter.
  (그는 그 일에는 관심이 없다.)

- **confuse with** ~과 혼동하다
  We tend to **confuse** technology **with** science.
  (우리들은 과학(공업)기술과 (자연)과학을 혼동하는 경향이 있다.)

- **cry out** 큰소리로 외치다
  He turned to the other man and **cried out** " You have stolen my purse".
  (그는 또다른 사람을 향해 크게 외쳤다. "네가 내 지갑을 훔쳤지"라고 소리 질렀다.)

- **cut up** 잘게 썰다, ~을 흑평하다
  My composition was **cut up** by the teacher.
  (나의 작문은 선생님으로부터 흑평을 받았다.)

- **decide on(upon)**　~(하기로) 결정하다, ~을 결정하다
  Have you **dicided on** a theme for your decision.
  (너는 논문의 주제를 결정했느냐?)

- **describe A as B**　A를 B로 묘사하다
  Man has often been **described as** a tool-making animal.
  (인간은 때때로 도구를 만드는 동물로 묘사되고 있다.)

- **be determined to ~**　결심하다
  Rebelliousness, in itself, I **was determined to** treat sympathetically.
  (반항심 자체는 동적적으로 다루기로 나는 결심했다.)

- **die out**　사멸하다, 소멸하다
  Many old customs are gradually **dying out**.
  (많은 낡은 관습들이 서서히 사라져 가고 있다.)

- **do ~ good**　이롭다, 도움이 되다
  Exercise will **do** you **good**.
  (운동은 네게 이롭다.)

- **do harm**　피해를 주다
  Kindness often **does** quite as much **harm** as good.
  (친절은 종종 득을 보는 것과, 아주 똑같이 해를 보는 수가 있다.)

- **dwell on(upon)**　~에 대하여 상세히 말하다, 곰곰히 생각하다
  He **dwelt on** the importance of education.
  (그는 교육의 중요성에 대하여 상세하게 말했다.)
  Don't **dwell on** you troubles.
  (노고를 너무 깊게 생각지 마라.)

- **end in**　(결과 따위가) ~으로 끝나다

다섯 째 주

All his experiments **ended in** failure.
(그의 실험은 모두 실패로 끝났다.)

👁 **end up**   결국 ~이 되다
He would always **end up** in a fury.
(그는 언제나 마지막에는 잔뜩 골을 내곤 했다.)

👁 **fall behind**   ~에 뒤지다
I **fall behind** him in intelligence.
(나는 지능에 있어 그에게 뒤진다.)

👁 **be favorable to ~**   ~에 대해 호의적이다
Everything **is favorable to** our plan.
(모든 것이 우리들의 계획에 유리하다.)

👁 **for sale**   팔 물건
Do not ask about prices, for these items are not **for sale**.
(이 품목들은 팔 물건들이 아니므로 값을 묻지 마시오.)

👁 **for some time**   잠시동안
I live here **for some time**.
(나는 잠시동안 이곳에서 산다.)

👁 **for sure**   확실히, 틀림없이
I don't know **for sure**.
(확실히는 모른다.)

👁 **for the moment**   우선, 당장은
This will do **for the moment**.
(당장은 이것으로 충분할 것이다.)

👁 **for the time being**   당분간
This will be enough **for the time being**.
(당분간은 이것으로 충분할 것이다.)

- **free of (~, be)** ~가 면제되어
  This book is **free of** charge and post free.
  (이 책은 값이 무료이며 우편료도 안든다.)

- **get down** 내리다, 삼키다
  The temperature **got down** below zero.
  (온도는 영하로 내렸다.)

- **give rise to** ~을 생기게 하다, 야기하다
  His absence on the occasion **gave rise to** the rumour that he was dead.
  (그는 그때 보이지 않았으므로 죽었다는 풍설이 떠돌았다.)

- **get used to(-ing)** ~하는 것에 습관이 되어있다.
  You will soon **get used to** it.
  (그것에 익숙해 질 것이다.)

- **give attention to** ~에 주의하다
  Give attention to the position of the stress in the word. (그 단어의 악센트의 위치에 주의하라.)

- **give off** ~을 발산하다, 풍기다
  The roses **give off** a nice smell.
  (그 장미는 좋은 냄새를 풍긴다.)

(1) 다음 우리말의 뜻에 맞게 ( ) 안에 전치사나 부사를 넣어 숙어를 완성하시오.
  ① ~에 대하여 상세히 말하다 dwell ( )
  ② ~이 되다 end ( )   ③ 팔 물건 ( ) sale
  ④ 잠시동안 ( ) some time
  ⑤ ~을 발산하다 give ( )

(2) 다음 숙어의 뜻을 쓰시오.
  ① come of   ② compare with
  ③ confuse with   ④ cut up
  ⑤ die out   ⑥ end in
  ⑦ fall behind   ⑧ for the moment
  ⑨ get down   ⑩ give attention to

(3) 다음 우리말에 해당하는 숙어를 쓰시오.
  ① 큰 소리로 외치다   ② 피해를 주다
  ③ ~을 생기게 하다   ④ ~가 면제되어

(4) 다음 문장의 빈칸을 알맞는 단어로 채우시오.
  ① He ( ) ( ) a good family.(그는 좋은 집안의 태생이다.)
  ② Exercise will ( ) you ( ). (운동은 네게 이롭다.)
  ③ Rebelliousness, in itself, I was determined ( ) treat sympathetically.
  ④ You will soon ( ) used do it.

fourth day

- **be good at ~** ~에 능숙하다
  He **is good at** drawing. (그는 그림을 잘 그린다.)

- **graduate from** ~을 졸업하다
  In 1942 he **graduated from** Seoul University with honours. (그는 1942년에 서울대학교를 우등으로 졸업했다.)

- **be guilty of ~** ~의 죄가 있다, ~을 저지른 자각이 있다.
  He **is guilty of** murder. (그는 살인죄가 있다.)

- **hang on** ~에 매달리다
  It **hangs on** your decision.
  (그것은 너의 결심에 달려 있다.)

- **hang up** ~을 달다, 연기하다, 전화를 끊다
  He **hung up** before I finished.
  (내가 말을 끝내기도 전에 그가 전화를 끊었다.)

- **have ~ in common** 공통적으로 갖고 있다
  We **have** many things **in common**.
  (우리는 많은 공통점이 있다.)

- **help oneself(to)** ~을 마음대로 들다
  Please **help yourself to** the tea. (차를 마음대로 들게.)

- **hold back** 말리다, 억제하다, 망설이다
  He **held back** the hot tears.
  (그녀는 뜨거운 눈물을 억제했다.)

- **hold about** ~에 대해서 어찌 생각하나?
  How about driving a car?
  (차를 운전하는 것이 어때?)

- **hurry up** 급하게 하다
  Hurry up! (서둘러라!)

- **if only** ~했으면 좋겠다
  If only I knew! (알기만 했다면 좋은데!)

- **ill at ease** 마음을 놓지 못하는, 불안하여, 거북스러운
  We are **ill at ease** when others humble themselves before us.
  (다른 사람이 우리 앞에서 겸손한다면 거북해진다.)

- **impose on** 이용하다, 강제하다
  Nobody should try to **impose** his will **on** other people.
  (아무도 자신의 의사를 남에게 강요해서는 안된다.)

- **in company** 사람들 있는데서
  In company we cannot all talk together.
  (회합의 석상에서는 다같이 일시에 얘기할 수 없다.)

- **in connection with** ~와 관련있는, ~에 관하여
  I am **in connection with**. (나는 그와 친척이다.)

- **in demand** 수요가 있다
  Every change **in** policy **demands** a corresponding change of doctrine. (정책의 변경마다 그에 대응하는 정책이론의 변경이 필요하게 된다.)

- **in future** 장래, 미래에
  There is no telling what will happen **in future**.
  (장래 무슨일이 생길지 모른다.)

- **in haste** 급히, 당황히
  Marry **in haste**, repent at leisure. (급히 서둔 결혼은 오래오래 후회한다.)

- **in need(of)** 필요한, (~을) 필요로 하는
  A friend **in need** is a friend indeed.
  ([속담] 어려운 때의 친구가 참다운 친구다.)

- **in respect of** ~에 관하여
  I have nothing to say **in respect of** the point at issue.
  (이 쟁점에 관해서는 아무것도 할 말이 없다.)

- **in succession** 연달아, 연속하여
  His family served the five emperors **in succession**.
  (그의 집은 연속하여 5대의 황제를 섬겼다.)

- **in the country** 전원에서, 시골에서
  I spent a few days **in the country**.
  (나는 시골에서 며칠을 보냈다.)

- **in the distance** 아주 먼곳에
  I saw Mt. Everest **in the distance**.
  (멀리 에베레스트 산이 보였다.)

- **in the habit of** ~하는 버릇이 있다, 곧잘 …하다
  He was **in the habit of** cutting them in half.
  (그는 그것들을 반으로 자르는 버릇이 있었다.)

- **be inferior to ~** ~보다 열등하다
  He **is inferior to** you in all respects.
  (그는 모든 점에서 너보다 못하다.)

(1) 다음 우리말에 해당하는 숙어를 쓰시오.
  ① ~을 졸업하다   ② ~에 매달리다
  ③ ~ 마음대로 들다 ④ 이용한다
  ⑤ ~에 관하여   ⑥ 급히, 당황히
  ⑦ ~보다 열등하다

(2) 다음 숙어에 해당하는 우리말을 쓰시오.
  ① be good at ~   ② hang up
  ③ in connection with ④ in succession
  ⑤ in the distance

(3) 다음 숙어들 중 in 이 들어가지 않는 것은?
  ① (　) company   ② have ~ (　) common
  ③ (　) at ease   ④ (　) need (of)

(4) 다음 문장의 (　) 안에 알맞은 단어를 넣으시오.
  ① In 1942 he graduated (　) Seoul University with honours.
  ② He (　)(　) the hot tears.
    (뜨거운 눈물을 억제했다.)
  ③ Nobody should try to impose his will (　) other people.
  ④ (　) compant I am timid and cannot speak well.
    (사람들 있는데서)
  ⑤ I saw Mt. Everest in (　)(　) (멀리)

fifth day

- **keep in mind** 마음에 간직하다, 기억하다
  You must **keep** the fact **in mind**.
  (이 일을 마음에 새겨 잊지 마시오.)

- **leave off** 그만두다, 멎다, 벗다
  They **left off** talking when I approached.
  (내가 가까이 가니까 그들은 얘기를 그만 두었다.)

- **live through** ~을 배겨나다, 살아남다, 연명하다
  The patient will not **live through** tonight.
  (그 환자는 오늘 밤을 넘기지 못할 것이다.)

- **long before** 오래전에(과거)
  I had not waited **long before** she came.
  (내가 그다지 기다리지 않아 그녀가 왔다.)

- **make oneself at home** 안심하다
  Please **make yourself at home**. (마음을 놓다.)

- **make the most of** 될 수 있는데까지 이용하다, 최대한 이용하다
  They have learned to **make the most of** what they have.
  (그들이 가지고 있는 것을 될 수 있는한 잘 이용한다는 것을 배웠다.)

- **mind -ing** ~하고자 하는 생각을 하다
  The British do not **mind suffering**, with the cold or

with anything else.
(영국 사람은 추위라든가 그밖에 어떤 일에 대해서도 괴로운 생각이 드는 것을 개의치 않는다.)

👁 **much less** 더군다나 (하물며) ~은 아니다
He cannot speak English, **much less** French.
(그는 영어로 말하지 못한다. 더군다나 프랑스어도 못한다.)

👁 **none of one's business** ~의 알 일이 아니다
It's **none of you business**. (네가 알 바 아니다.)

👁 **not ~ any longer** 더이상 ~아니다
You are **not** a child **any longer**.
(너는 이미 어린이가 아니다.)

👁 **not ~ any more** 더이상 ~ 못하다
I **can not** walk **any more**. (나는 더이상 걷지 못하겠다.)

👁 **not altogether** 전부 ~은 아니다
You are **not altogether** right.
(네가 하나부터 열까지 전부 옳은 것은 아니다.)

👁 **not until ~ that** ~이 되어 비로소
It was **not until** last week **that** I noticed it.
(지난 주에야 비로소 그것을 알아챘다.)

👁 **now and again** 때때로
It is good to take a walk every **now and again**.
(때때로 산보하는 것은 좋다.)

👁 **of one's own -ing** 스스로 ~하다
This is a picture **of his own painting**.
(이 그림은 그가 손수 그린 그림이다.)

👁 **of use** 소용되는, 유용(有用) 한
Knowledge of English is **of use** to everybody.
(영어의 지식은 누구에게나 유용하다.)

- **on behalf of**   ~을 대신하여, ~을 위하여
  Mr. Kim made a formal reply **on behalf of** the graduates. (김군이 졸업생 일동을 대신하여 답사를 하였다.)
  He rendered many services **on behalf of** justice and freedom (그는 정의와 자유를 위하여 크게 힘썼다.)

- **on foot**   도보로, 걸어서
  Geese always travel the first 100miles **on foot**.
  (거위는 최초의 100 마일을 언제나 걸어서 여행한다.)

- **out of sight**   눈에 보이지 않은 곳에
  The airplane flew **out of sight** in a moment.
  (비행기는 순식간에 날아가 버려 보이지 않게 되었다.)

- **play a role (in)**   ~의 역을하다
  He **played a role in** the evolution of civilization.
  (그는 문명의 발달에 공헌했다.)

- **be pleased to ~**   기꺼이 ~하다
  I shall **be pleased to** help you.
  (기꺼이 너를 도와 주겠다.)

- **prevent ~ from -ing**   방해하여 …못하게 하다
  The heavy rain **prevented** me **from coming** in time.
  (심한 비 때문에 나는 시간이 되어 오지 못했다.)

(1) 다음 우리말에 해당하는 숙어를 완성하시오.
① 마음에 간직하다 ( ) in mind
② ~을 배격내다 ( ) through
③ ~의 알 일이 아니다 none of one's ( )
④ 전부 ~은 아니다 ( ) altogether
⑤ ~이 되어 비로소 not until ~ ( )

(2) 다음 숙어의 뜻을 쓰시오.
① keep from   ② long before
③ not ~ any longer   ④ on behalf of
⑤ out of sight   ⑥ play a role (in)

(3) 다음 줄친 부분을 해석하시오.
① Geese always travel the <u>first 100miles on foot</u>.
② This is a picture <u>of his own painting</u>.
③ It is good to take a walk <u>every now and again</u>.

(4) 다음 문장의 빈칸을 메우시오.
① They ( ) ( ) talking when I approached.
② He connot speak English, ( ) ( ) French. (더군다나 프랑스어는 못한다)
③ Knowledge of English is ( ) use to everybody.
④ ( ) ( ) ( ), out of mind. (안보면 멀어진다.)
⑤ I shall be ( ) ( ) help you. (기꺼이 너를 도와주겠다.)

Sixth day

- **be ready for** ~ ~의 준비(각오)가 되어 있다
  I **am ready for** death. (나는 죽을 각오가 되어있다.)

- **reflect on** ~을 숙고하다, 회고하다, 영향을 미치다
  He did it without **reflecting on** the consequences.
  (그는 뒷 일도 생각않고 그것을 했다.)

- **ring up** 전화를 걸다
  I'll **ring** him **up**. (그에게 전화를 걸겠습니다.)

- **set down** ~을 …로 보다, (승객을) 내리다, ~의 탓으로 돌리다 (~ to)
  He **set down** my success to luck. (그는 나의 성공을 행운 탓으로 돌렸다.)

- **set in** 시작되다, ~이 되다
  The wet season **sets in** july here.
  (여기서는 우기가 7월에 시작된다.)

- **shrink from** ~에서 뒷걸음 치다, 꺼려서 ~않다
  He **shrank from** the new task.
  (그는 꺼려서 그 새로운 일을 하지 않았다.)

- **shup up** 감금하다, 닥쳐버리다, 침묵시키다
  The mad man was **shup up** a room.
  (미친 사람은 방에 감금되었다.)

- **speed up** 속도를 더하다, 능률을 올리다, 촉진하다

The processes of changes have been **speeded up** and intensified. (변천과정이 빨라지고 강화되어 왔다.)

- **spread out** 펼치다
  They knew that their own trade **spread out** over the seven seas.
  (그들은 그들의 거래가 7 대양에 퍼져 있음을 알았다.)

- **still less** 하물며 더욱 …아니다(=much less)
  I can't speak English, **still less** Spanish.
  (나는 영어를 못한다, 하물며 에스파니어는 더구나 못한다.)

- **sum up** 합계하다, 약언하다, 요약하다
  The contents of this book may be **summed up** in the following few words.
  (이 책의 내용은 다음의 몇마디로 요약할 수 있다.)

- **take a walk** 산보하다, 산책하다
  We were **taking** a **walk** here yersterday.
  (우리는 어제 이곳을 산보하고 있었다.)
  If is fine tomorrow, we are going to **take** a long **walk** in the suburbs.
  (내일 날씨가 좋으면 교외로 소풍을 갈 것입니다.)

- **take in** 받아들이다, 이해하다, 속이다
  Nobody shall ever **take** me **in** again to do such an absurd and wicked things.
  (누구 한테든 두번 다시 속아서 그런 어리석은 짓은 하지 않겠다.)

- **take the place of** ~을 대신하다
  Mechanical power **took the place of** manual labor.
  (기계의 힘이 손일(육체노동)을 대신했다.)

- **take down** 내려놓다, 적어두다(=write down)

Mother **took down** a pan from the shelf.
(어머니는 선반에서 냄비를 내려 놓았다.)

👁 **be tempted to ~**   ~하고 싶다, ~의 유혹을 받다
I **was tempted to** steal the book.
(나는 그 책을 훔치고 싶은 생각이 들었다.)

👁 **thank you for**   ~에 감사하다
Thank you for your present.
(선물을 주셔서 감사합니다.)

👁 **thanks to**   ~의 덕택으로, ~때문에
Thanks to you, I had a very good time.
(덕분에 아주 재미있게 지냈습니다.)

👁 **the same ~ that**   ~와 동일한, ~와 같은 종류의
Every book worth reading ought to be read precisely in **the same** way **that** a scientific book is read.
(읽을 가치가 있는 책은 과학책을 읽는 것과 같이 정확히 읽어야 한다.)

👁 **think out**   ~을 생각해내다(=devise), 해석하다
It was Tom that **thought out** the plan.
(그 안(案)을 생각해낸 사람은 톰이였다.)

👁 **together with**   ~와 함께, 같이
The body must be developed **together with** the mind. (육체는 마음과 함께 발육하지 않으면 안된다.)

STEP BY STEP DOORS TEST 25

(1) 다음 숙어와 같은 뜻의 숙어를 쓰시오.
① still less =
② take down =
③ thanks to =
④ think out =

(2) 다음 숙어의 뜻을 쓰시오.
① reflect on
② ring up
③ set in
④ speed up
⑤ take in

(3) 다음 우리말에 해당하는 단어를 ( )안에 써 넣으시오.
① ~을 … 로 보다   set ( )
② ~에 뒷걸음치다   shrink ( )
③ 산보하다   take a ( )
④ ~을 대신하다   take the place ( )
⑤ ~와 함께   together ( )

(4) 다음 문장의 ( )안에 알맞은 단어를 넣으시오.
① He did it without reflecting ( ) the consequences.
② The mad man was ( ) ( ) a room. (미친 사람은 방에 감금되었다.)
③ I was ( ) ( ) steal the book. (나는 그 책을 훔치고 싶은 생각이 들었다.)
④ Mother ( ) ( ) a pan from the shelf. (어머니는 선반에서 냄비를 내려 놓았다.)

Seventh day

- **wait on(upon)** ~을 방문하다, 시중들다
  I shall make a point of **waiting upon** you tomorrow.
  (저는 내일 꼭 찾아 뵙겠습니다.)

- **want to** ~을 원하다
  He **wants to** go abroad. (그는 해외에 나가기를 원한다.)

- **be well off ~** 유복한, 잘 되어가는
  He **is well off**. (그는 안락하게 지내고 있다.)

- **what ~ for** 왜, 무엇때문에
  What did you say that **for**? (왜 그런말을 했나?)

- **wonder if** ~이 아닐까 모른다
  I **wonder if** he is safe. (그가 무사한지 모르겠다.)

- **(be) wrong with** 형편이 나쁘다, ~에 고장이 있다
  There **is somethings wrong with** the works.
  (기계의 발동에 무슨 고장이 있다.)

- **work on (upon)** ~에 효험이 있다
  Did the drug **work on** you? (그 약으로 효과를 보았니?)

- **yield to** ~을 받아들이다, ~에 굴복하다
  He **yield to** all her wishes.
  (그는 그 여자의 소원을 다 들어준다.)

- **a chain of** ~의 사슬, 일련의
  They feel themselves linked together by **a** powerful

chain of sentiments.
(그들은 강력한 감정의 사슬로 함께 연결되어 있는 것처럼 느껴졌다.)

👁 **a certain**   어떤~, 확실치 않은
They went to **a certain** place.
(그들은 확실치 않은 곳에 갔다.)

👁 **a standard of living**   생활수준
Without these methods the high **standard of living** would be impossible.
(이러한 방법에 의하지 않고는 높은 생활 수준은 불가능하다.)

👁 **a matter of course**   물론
It is **a matter of course**. (그것은 물론이다.)

👁 **a lot**   대단히, 많이
He works **a lot** in the office.
(그는 회사에서 일을 많이 한다.)

👁 **a handful of**   한 줌, 가득히
He threw **a handful of** rice at them.
(한 줌의 쌀을 그들에게 던졌다.)

👁 **a quarter of**   ~의 4분의 1
We have come **a quarter of** the distance.
(거리의 4분의 1은 왔다.)

👁 **a large part of**   ~의 대부분
A large part of the work was done.
(일의 태반은 이루워졌다.)

👁 **a great part of**   ~대부분
A great part of the house was destroyed.
(그 집의 대부분은 파손되었다.)

- **all of a sudden** 갑자기, 단번에
  You can't become a general **all of a sudden**.
  (너는 단숨에 대장이 될 수 없다.)

- **all year round** 일년중
  The mountain is covered with snow **all year round**.
  (그 산은 년중내내 눈으로 덮여있다.)

- **a flock of** 한 무리의
  I saw **a flock of** sheep going westwards.
  (서쪽으로 가는 한 떼의 양을 봤다.)

- **be afraid to** ~ 두려워서 ~할 수 없다
  I **am afraid to** go there. (무서워서 거기에 가기 싫다.)

- **agree to** (사물 등)~에 동의하다, 승낙하다
  Do not **agree to** the conditions named.
  (상대방의 조건에 동의하지 말라.)

- **all sorts of** 온갖 종류의, 여러 가지의
  We try to account for it in **all sorts of** ways.
  (우리는 온갖 방법으로 그것을 설명하려 한다.)

- **as fast as** ~과 같이 빨리
  She can run **as fast as** I.
  (그녀는 나만큼 빨리 달릴 수 있다.)

- **all the same** (결국) 마찬가지, 역시
  It is **all the same** to me whether our team wins or loses. (우리 팀이 이기거나 지거나 내게는 관계없다.)

- **all the way** 도중내내
  I got on the train and stood **all the way**.
  (나는 기차를 타고 쭉 서 있었다.)

- **as ~ go** ~의 상태로는
  The English are not intellectual, **as** Europeans go.

다섯째 주

(유럽인으로 볼때는 영국인이 지적이 못된다.)

- **as much** 그만큼, 그와 같이
 I thought **as much**. (그처럼 생각한다.)

- **at a glance** 슬쩍 보아서, 일견해서
 At a glance we thought it korean kind of sausage.
 (첫눈에 우리는 그것이 한국식 소시지라고 생각했다.)

- **at ease** 걱정없이, 편안하게
 My sister live **at ease** in the country.
 (나의 언니는 시골에서 편안하게 살고 있다.)

- **at (the) bottom** 근본적으로, 실제로
 She is a good fellow **at bottom**.
 (그녀는 실제로 좋은 여자이다.)

- **at a rate** 비율로
 This happens **at a late** which differs little from person to person.
 (이것은 사람에 따라 차이없이 같이 일어난다.)

- **at midnight** 한밤중에
 At midnight she heard a strange sound in the room.
 (한밤중에 그녀는 방에서 나는 이상한 소리를 들었다.)

- **at one's disposal** 마음대로, 자유로이 쓸 수 있는
 The money is **at your disposal**.
 (그 돈은 네 마음대로 써라.)

- **attend to** 주의하다, 보살피다, 유의하다, 일을하다
 All things are **attended to**. (만사는 잘 보살펴져 있다.)
 He **attended to** his wound. (그는 그의 상처를 치료했다.)

STEP BY STEP DOORS TEST 26

(1) 다음 우리말에 해당하는 숙어를 쓰시오.
① ~이 아닐까 모른다   ② ~에 고장이 있다
③ ~을 받아 들이다   ④ ~의 대부분
⑤ 일년중   ⑥ 도중내내
⑦ ~의 상태로는

(2) 다음 숙어의 뜻을 쓰시오.
① a matter of course   ② a handful of
③ a flock of   ④ all of a sudden
⑤ at a glance   ⑥ at ease
⑦ at a late   ⑧ a lot

(3) 다음 숙어와 뜻이 일치하지 않은 것은?
① a quarter of — ~의 4분의 1
② be afraid to ~ — 두려워 ~할 수 없다
③ a chain of — ~의 사슬
④ a standard of living — 생활풍습

(4) 다음 문장의 ( ) 안에 알맞는 단어를 쓰시오.
① He yields ( ) all her wishes.
② A ( ) ( ) ( ) the house was destroyed.
(그 집의 대부분은 파손되었다.)
③ I did it in all sorts ( ) ways.
④ ( ) ( ) she heard a strange sound in the room.
(한밤중에)

다섯째주

First day

- **attch A to B** A를 B에 붙이다
  He **attached** a chain **to** his door.
  (그는 창문에 고리를 달았다.)

- **at(the) cost of** ~을 희생으로 하여
  He saved the child **at the cost of** his life.
  (그는 자기의 생명을 희생하여 아이의 생명을 구했다.)

- **at the price of** ~을 희생으로 하여
  I won fame **at the price of** my health.
  (나는 나의 건강을 희생으로 하여 명성을 얻었다.)

- **attempt to** ~을 시도하다, 기도하다
  He was interrupted as he **attempted to** tell his story.
  (그는 자신의 이야기를 했을때 중단되었다.)

- **avail oneself of** ~을 이용하다, (기회를) 타다
  I **availed myself of** the holidays to go on a school tour. (나는 휴가를 이용하여 수학여행에 나섰다.)

- **back and forth** 앞뒤로 왔다갔다, 여기저기에
  He sank into a chair, held his head in his hands, rocked **back and forth** in agony. (그는 의자 깊숙이 몸을 파묻고, 얼굴을 감싸고, 괴로워서 의자를 앞뒤로 흔들었다.)

- **better than** ~보다 좋다, ~보다 잘 알다
  You know her **better than** I.
  (나보다 당신이 그녀를 더 알고 있다.)

- **beyond description**   형언할 수 없을 정도로, 무어라고 말할 수 없이
  They beauty of the place is **beyond description**.
  (그곳의 아름다움은 필설로 다할 수 없을 정도다.)
  ☞ beyond 다음에 추상명사를 쓰는 경우가 많음. 그중의 중요한 것으로는 beyond measure 「엄청나게」, beyond one's power 「힘이 미치지 않은」, beyond all prise 「아무리 칭찬해도 지나치지 않은」, beyond comparison 「더할나위 없이」 따위.

- **beyond the reach of**   ~의 힘이 미치지 못하다, 벅차다
  This book is of benefit, but it is **beyond the rich of** I.
  (이 책은 매우 이로운 것이지만 내가 구하기에는 벅차다.)

- **blow up**   폭파하다
  Suddenly, the airplane **blew up** in midair.
  (갑자기 비행기가 공중에서 폭발했다.)

- **be born of ~**   ~에서 태어나다, ~출신의
  He **was born of** German parrents.
  (그는 독일인을 양친으로 하여 태어났다.)

- **bother about**   ~에 대해서 근심하다
  Don't **bother about** it. (그런 일로 걱정하시 마시오.)

- **break in**   (특히 말, 구두) 길들이다, (아이들에게) 교양을 가르치다
  A horse-breaker **breaks in** a colt.
  (말 길들이는 사람이 망아지를 길들인다.)
  He is **broken in** to tne work.
  (그는 그 일에 길들여져 있다.)

- **break off**   ~을 꺾어버리다, 끊다, 막다
  Break off a branch of a cherry tree.
  (벗나무가지를 하나 꺾어버려라.)

여섯째주

- **break up** 산회(散會)하다, 붕괴하다
  The conference **broke up** resultless.
  (회의는 아무성과 없이 산회하였다.)

- **burn down** 전소(全燒)하다, 불길이 수그러지다
  His house was **burn down**. (그의 집은 전소하였다.)

- **by air** 공로로, 비행기로
  My mother is leaving here for Seoul this evening **by air**.
  (나의 어머니는 오늘 저녁 비행기로 서울로 떠날 예정이다.)

- **by the side of** ~에 비하여, ~곁에서
  He looks small **by the side of** his mother.
  (그는 그의 어머니에 비해 작아보인다.)

- **by train** 기차로
  He is leaving here for Pusan this evening **by train**.
  (그는 오늘밤에 기차로 부산에 갈 예정이다.)

- **cannot but** ~하지 않을 수 없다
  However you may deny, I **cannot but** think so.
  (자네가 아무리 부인하여도 나는 그렇게 생각하지 않을 수 없다.)

- **carry about** 가지고 있다
  She always **carry** much money **about** her.
  (그녀는 항상 많은 돈을 가지고 있다.)

- **cannot fail to** 반드시 ~하다
  He **never fails to** come on Sundays.
  (그는 일요일에는 반드시 온다.)

- **careful of be** ~, **be** ~을 소중히 여기다
  Be **careful of** money. (돈을 소중히 여기다.)

- **change into** ~로 갈아입다, 변하여 ~이 되다
  The caterpillar **changed into** a butterfly.
  (유충은 변하여 나비가 되었다.)

- **come close to** 거의 ~을 성취하기에 이르다
  He **came close to** being run over.
  (가까이에 절박하여 그는 차에 치일뻔 했다.)

- **come into use** 쓰이게 되다
  Later the word 'Eskimo' **came into** general **use**.
  (그후에 '에스키모'란 말이 일반적으로 쓰여지게 되었다.)

- **come over** 건너오다, (멀리서) 오다, (감정·어둠 따위가) ~을 덮치다
  Her parents had **come over** from England.
  (그녀의 부모는 영국에서 건너 온 사람들이었다.
  A deep darkness **came over** the land.
  (짙은 어둠이 그 땅을 덮쳤다.)

- **consist in** ~에 있다, ~에 존재하다
  The liberty of a country **consists in** the freedom of its citizens.
  (한 나라의 자유는 시민의 자유에 있다.)

- **consist of** ~ 성립되다
  Human life **consists of** a succession of smalls.
  (인생은 사소한 사건의 연속으로 이루어져 있다.)

(1) **다음 우리말에 맞게 아래보기에서 골라 숙어를 완성하시오.**
    ① ~을 시도하다 attempt ( ) ② 폭파하다 blow ( )
    ③ 길들이다 break ( )   ④ 산회하다 break ( )
    ⑤ 기차로 ( ) train
    ⑥ ~하지 않을 수 없다 cannot ( )
    ⑦ 전소하다 burn ( )   ⑧ 가지고 있다 carry ( )
    ⑨ ~로 갈아입다 change ( )

    보기 ㉮ down   ㉯ in   ㉰ but   ㉱ by
              ㉲ to   ㉳ up   ㉴ into ㉵ about

(2) **다음 숙어의 뜻을 쓰시오.**
    ① at the price of   ② better than
    ③ break off   ④ by the side of
    ⑤ carry about   ⑥ come into use
    ⑦ come over

(3) **다음 문장의 ( )안에 알맞은 단어를 넣으시오.**
    ① I availed myself ( ) the holidays to go on a school tour.
    ② The beauty of the place ( ) ( ). (형언할 수 없을 정도로)
    ③ Be ( ) ( ) money. (돈을 소중히 여기다)
    ④ He came ( ) to being run ( ).
    ⑤ I won ( ) my health.

Second day

- **come round**　돌아오다, 회복하다
  The baseball season is **coming round**.
  (야구 시즌이 돌아온다.)

- **come to grips**　~와 맞붙다, 꾸준히 노력하다
  She **came to grips** with such a difficult problem.
  (그녀는 굉장히 어려운 문제에 직면하였다.)

- **come true**　실현되다, 들어맞다
  Your dream will **come true** someday.
  (너의 꿈은 언젠가 실현될 것이다.)

- **compensate for**　보상하다, 갚다
  I will **commpensate** you **for** your loss.
  (너의 손해는 보상하겠다.)

- **in contact with**　~와 접촉해서
  He comes **in contact with** many people.
  (그는 많은 사람과 접촉하고 있다.)

- **control over**　~에 대한 지배
  Speech gave man greater and greater **control over** the world. (연설이 인간으로 하여금 세계를 더욱 지배하게 하고 있다.)

- **count on(upon)**　~을 기대하다
  We **count on** fine weather for a picnic.
  (우리는 피크닉에 좋은 일기를 기대한다.)

- **a couple of** 두 개의, 한 쌍의
  I have bought **a couple of** shining new trunks.
  (나는 번쩍번쩍 하는 두 개의 새 여행 가방을 샀다.)

- **cover ~ with** ~으로 채우다, 끼우다, 포함하다
  The top is **covered with** snow.
  (산 꼭대기는 눈으로 덮혀 있다.)

- **day by day** 날마다, 서서히
  It is getting warmer **day by day**.
  (날씨가 서서히 따뜻해지고 있다.)

- **devote oneself to** ~에 열중하다, 몰두하다, ~에 헌신하다
  Many students **devoted themselves to** reading books in the university library.
  (많은 학생들이 대학도서관에서 독서에 전념했다.)

- **die away** 사라지다
  The music **died away**. (음악소리가 사라졌다.)

- **do ~ harm** ~(에) 해를 끼치다
  Kindness often **does** quite as much **harm** as good.
  (친절은 종종 득을 보는 것과 아주 똑같이 해가 되는 수가 있다.)

- **do well** 잘하다, 번영하다
  He is **doing well** in business.
  (그는 사업을 잘 해나가고 있다.)

- **draw out** 뽑아(끄집어) 내다, (예금을) 찾다, (제비를) 뽑다
  The days are **drawing out**. (낮이 길어진다.)

- **draw on** (장갑 따위를) 끼다, ~을 유발하다, ~을 꾀다, ~에 의지하다
  He **draws on** his experience.

(그는 자신의 경험에 의지하다.)

- 👁 **be equal to ~**   ~와 같다, ~을 감당할 수도 없다
  He **is not equal to** the task.
  (그는 그 일을 감당할 수 없다.)

- 👁 **face with**   ~에 직면하다
  Large parts of the world are **faced with** the threat of famine. (세계의 많은 지역이 기근의 위협에 직면하고 있다.)

- 👁 **fall asleep**   잠들다, 졸다
  He sometimes **fall asleep** during the lesson.
  (그는 수업중에 때때로 졸았다.)

- 👁 **fall back on (upon)**   ~에 의지하다
  If he loves one thing, he can **fall back upon** another.
  (가령 하나를 잃는다 해도 다른 것에 의뢰할 수 있다.)

- 👁 **fall out**   (군사) 대열을 떠나다, 일어나다, ~의 결과가 되다
  Everything **fell out** well. (만사가 다 잘 되었다.)

- 👁 **feed on**   ~을 먹고 살다, ~으로 기르다
  Cattle **feed on** grass. (소는 풀을 먹고 산다.)

- 👁 **fight against**   ~과 전쟁을 하다
  We **fought against** the enemy.
  (우리는 적과 전쟁을 했다.)

- 👁 **for good**   영구히, 영구적으로
  If they are not put down at once on paper, they may be lost **for good**. (만약 그것들은 곧 종이에 적어놓지 않으면 영구히 잊어버릴 것이다.)

- 👁 **focus on**   ~에 모으다, 집중하다
  Our attention is **focus on** photograph.
  (우리는 주의의 그림에 집중되었다.)

(1) 다음 우리말의 뜻에 해당하는 단어를 ( )안에 넣어 숙어를 완성하시오

① 회복하다   come (   )
② ~에 의지하다   fall back (   )
③ ~을 유발하다   draw (   )
④ 필사적으로   for one's (   )
⑤ ~과 전쟁을 하다   fight (   )

(2) 다음 숙어의 뜻을 쓰시오.

① come to grips   ② a couple of
③ feed on   ④ equal to ~, be
⑤ focus on ~   ⑥ count on
⑦ do well

(3) 다음 밑줄친 부분을 해석하시오.

① The baseball season is coming round.
② The wind has died away.
③ Everything fell out well.

Third day

- **free from** ~로 부터 해방하다
  A man can be **free from** the necessity of work.
  (사람은 일하지 않으면 안되는 운명으로 부터 해방할 수 있다.)

- **from the beginning** 처음부터
  I will tell the story **from the beginning**.
  (이야기를 처음부터 하겠다.)

- **furnish with** ~을 비치하다, 설치하다, 공급하다
  The house is **furnished with** a bath.
  (그 집에는 욕탕 설비가 되어 있다.)

- **get along with** ~와 사이좋게 지내다
  I'm **getting alone with** my mother-in-law very well.
  (나는 장모와 아주 사이좋게 지내고 있다.)

- **get in** ~에 들어가다, 타다, 도착하다
  The train **got in** on time. (기차는 제시간에 도착했다.)

- **get in touch with** ~와 연락「접촉하다」, ~와 만나다
  You can **get in touch with** him at his home.
  (그의 집에서 그와 만날 수가 있다.)

- **get lost** 길을 잃다
  She **get lost** in the wood.
  (그녀는 숲속에서 길을 잃었다.)

- **get tired of** ~에 싫증나다, ~에 물리다
  I **got tired of** reading. (나는 독서에 물렸다.)

- 👁 **give back**　~을 돌려주다
  He asked me to **give back** his bicycle.
  (그는 내게 자전거를 돌려달라고 부탁했다.)

- 👁 **give way to**　~에 지다, ~에 자리를 양보하다, 무너지다
  The young man stood up and **give way to** an old woman. (그 청년은 일어서서 노파에게 자리를 양보하였다.)

- 👁 **go to sea**　선원이 되다
  He longed to **go to sea**.
  (그는 선원이 되기를 원하고 있었다.)

- 👁 **go with**　~을 따르다, ~와 조화되다
  Duty **goes with** right. (권리에는 의무가 따른다.)

- 👁 **go so far as to(do)**　극단적으로 ~하다
  He **went so for as to** call me a thier.
  (그는 나를 도둑이라고까지 극언했다.)

- 👁 **go well [wrong] (with)**　잘 (안) 되어가다
  Everything **went wrong with** the plan.
  (그 계획은 만사가 잘 되지 않았다.)

- 👁 **grow into**　성장하여 ~로 되다
  An egg **grows into** a bird. (알이 성장하여 새가 되다.)
  A boy **grows into** manhood. (소년이 자라서 어른이 된다.)

- 👁 **hand ~ on**　차례(다음)로 돌리다
  Please **hand** this album **on** to each of you.
  (이 앨범을 너희들 각자에게 돌려라.)

- 👁 **have a share in**　분담하다, 몫을 가지고 있다
  He **had a** large **share in** it.
  (그는 거기에서 큰 역할을 하였다.)

(1) **다음 우리말의 뜻에 맞게 ( ) 안에 알맞은 단어를 넣으시오.**
① 처음부터   from ( ) beginning
② ~와 사이좋게 지내다   get along ( )
③ 극단적으로 ~하다   ( ) so far as to ( )
④ 성장하여 ~로 되다   grow ( )

(2) **다음 숙어의 뜻을 쓰시오.**
① free from   ② furnish with
③ get in   ④ get tired of
⑤ go with   ⑥ hand ~ on

(3) **다음 빈칸에 알맞은 단어를 쓰시오.**
① You can ( )( )( )( ) him at his home.
   (그의 집에서 그와 만날 수가 있다.)
② He longed to ( )( )( ). (선원이 되다)
③ Everything ( )( )( ) the plan.
   (그 계획은 만사가 잘 되지 않았다.)
④ Duty ( )( ) right. (권리에는 의무가 따른다.)
⑤ Do you ( ) any ( ) in learning Korea?
   (곤란함이 있다.)
⑥ He had a large share ( ) it.

fourth day

- **hear from**　～으로부터 편지가 왔다(받다), 소식을 듣다
  Have you **heard from** home?
  (고향에서 편지가 있었느냐?)

- **have much to do with**　～과의 관계가 크다
  They **have much to do with** the case.
  (그들은 그 사건과 관계가 크다.)

- **hit upon (on)**　～을 생각해내다, ～와 우연히 마주치다
  I **hit on** a good idea. (나는 좋은 생각이 떠올랐다.)

- **have the advantage of**　～보다 낫다, 유리하다, ～의 장점이 있다
  I **had the advantage of** my antagonist in correct spelling.
  (정확하게 철자를 쓴다는 점에서 나는 상대방 보다 낫다.)

- **hundreds of thousands of**　수십만의
  We have **hundreds of thousands of** records in stock.
  (저희 가게에는 레코드가 수십만개의 재고가 있습니다.)

- **if it had not been for**　만약(사람에게) ～이 없다면
  If it had not been for the sun's light and heat, no living thing could exist.
  (태양의 빛과 열이 없으면 생물은 하나도 생존할 수 없다.)

- **if possible**　가능하다면

Come to see me today, **if possible**.
(가능하다면, 오늘 내게 와라.)

👁 **in a manner**   어떤 의미에서는, 말하자면
Birth is, **in a manner**, the beginning of death.
(생(生)을 말하자면, 죽음의 시초인 것이다.)
The work is, in a manner, done already. (그 일은 어떤 의미로서는 이미 완성되었다.)

👁 **in charge of**   ~을 맡고있는, ~에게 맡기어져
A good teacher was **in charge of** the students.
(좋은 선생님이 그 학생들의 담당이었다.)

👁 **in exchange for**   ~와 교환으로, ~의 대신으로
We had nothing to give **in exchange for** it.
(우리들은 그것과 바꾸어 줄만한 것이 아무것도 없었다.)

👁 **in opposition to**   ~에 반대(반항)하여
Mothes was **in opposition to** my plan.
(어머니는 내 계획에 반대였다.)

👁 **in good order**   정돈되어, 정연하게, 건강하게
The room is **in good order**. (그 방은 잘 정돈되어 있다.)

👁 **in proportion as**   ~에 비례하여, ~에 따라서
Man becomes greater **in proportion as** he learns to know himself.
(인간은 자기 자신을 알게 됨에 따라 위대해진다.)

👁 **in public**   공공연하게, 여러 사람 앞에서
He hates to be been **in public**.
(그는 사람들이 모인 곳에 나가기를 싫어한다.)

👁 **in reality**   실제로, 실은
In reality, he is not a scholar.
(사실상 그는 학자가 아니다.)

여섯째주

- **in response to**   ~에 응하여, ~에 답하여
  I act **in response to** the call of duty.
  (나는 의무가 명하는데 따라 행동한다.)

- **in sight**   보이다
  The harbour was **in sight**. (항구가 보인다.)

- in store   저장하여, 준비하여
  Good news was **in store** for us at home.
  (집에서는 기쁜 소식이 우리를 기다리고 있었다.)

- **in sympathy with**   ~에 동정하여, ~와 공명하여
  He was **in sympathy with** their aim.
  (그는 그들의 목적에 공명하였다.)

- **in love(with)**   ~을 사랑하여, 연애에 빠지다
  Who was Mary **in love with**?
  (마리는 누구를 사랑하고 있습니까?)

- **in many respects**   모든 점에 있어서
  This is inferior to the other **in many respects**.
  (이것은 다른 것에 비하여 어느모로 보나 못하다.)

- **in one's company**   ~와 함께, ~와 더불어
  He came **in one's company** a group of boy's.
  (그는 한 떼의 소년들과 함께 들어왔다.)

- **in one's life**   지금까지는
  I've studied **in my life**.
  (나는 지금까지 공부해 오고 있다.)
  In her youth she made a trip to Japan.
  (젊은 시절에 그녀는 일본을 여행했다.)

(1) **우리말에 해당하는 단어를 써서 숙어를 완성하시오.**
   ① 수십만의   hundreds of thousands ( )
   ② 만약 (사람에게) ~ 이 없다면
      if it had not been ( )
   ③ ~과의 관계가 크다   have much to do ( )
   ④ ~ 와 함께   ( ) one's company
   ⑤ ~ 와 비례하여   ( ) proportion as

(2) **다음 숙어의 뜻을 쓰시오.**
   ① in a manner   ② in charge of
   ③ in many respects   ④ in store
   ⑤ in reality   ⑥ hit upon (on)
   ⑦ if possible   ⑧ in love (with)

(3) **다음 문장의 ( )안에 알맞은 단어를 넣으시오.**
   ① We had nothing to give in exchange ( ) it.
   ② I've studied ( ) ( ) ( ). (지금까지는)
   ③ In her ( ) she made a trip to Japan.
   ④ He hates to be been ( ) ( ). (그는 사람들이 모인 데에 나가기를 싫어한다.)
   ⑤ I act ( ) ( ) ( ) the call of duty. (나는 의무가 명하는데 따라 행동한다.)
   ⑥ He was in sympathy ( ) their aim.

fifth day

- **in the air** (소문 따위가) 퍼져서
  Queer rumors are **in the air**.
  (묘한 소문이 세상에 퍼졌다.)

- **in the minority** 소수로
  Such persons are **in the minority**.
  (그와 같은 사람들은 소수이다.)

- **in the name of** ~의 이름으로, ~의 이름(권위)을 걸고
  Open, **in the name of** the law!
  (열어라, 법의 이름으로 명령한다.)

- **in the dark** 어두운 곳에서
  Cats can see **in the dark**.
  (고양이는 어둠속에서도 볼 수 있다.)

- **in(the) process of** ~진행 중에, 한창 ~하는 중에
  The house wse then **in process of** construction.
  (그 집은 당시 건축 중이었다.)

- **in the mass** 전체로
  She condemned them **in the mass**.
  (그녀는 그들을 다 비난했다.)

- **in the flesh** 살아있는
  She is still **in the flesh**. (그녀는 아직도 살아있다.)

- **in time(for)** 시간에 대어, 조만간, 때가되면
  I must have the boat mended **in time for** the races.

(보트 레이스에 늦지 않도록 보트를 손보아 달래야 한다.)

👁 **intend for** ~에게 ~을 하려하다
The fift was **intended for** you.
(그 선물은 당신에게 줄 작정이었습니다.)

👁 **it is ~ that …** …이란 것은 ~이다
It is a pity **that** he is not here.
(그가 여기 없는 것은 실로 유감스럽다.)

👁 **it is no use ~ ing** ~하여도 소용없다.)
It is no use trying to persuade him.
(그를 설득 시키려 해도 소용없다.)

👁 **judge from** ~로부터 판단하다
Jodge from his face you might fancy him older.
(얼굴로 판단하면 그가 더 늙었다고 생각될는지도 모른다.)

👁 **be keen on ~** 좋아하는, 열망하는
He **is keen on** stamp collecting.
(그는 우표 수집에 열을 올리고 있다.)

👁 **keep an eye on** ~을 주의하다, ~을 감시하다
To **keep an eye on** your book during a lesson is everything. (수업중에는 책을 잘 보고 있는 것이 중요하다.)

👁 **keep away** ~을 멀리하다, ~에 가까이하지 않다
I will **keep away** from you. (너를 가까이 하지 않으련다.)

👁 **keep back** 억제하다, 숨기다
I will **keep back** nothing from you.
(너에게 아무것도 숨기지 않으련다.)

👁 **keep pace with** ~와 보조를 맞추다, ~에 뒤지지 않다
I could not **keep pace with** him. (나는 그를 따라 갈수가 없었다.)

👁 know better 좀더 분별이 있다. (~할 만큼)어리석지 않다
I **know better** than to go lone.
(혼자 갈 만큼 바보는 아니다.)

👁 lack in ~이 부족하다
The reason he failed in the test was that he **lacked in** selfpossessin.
(그가 시험에 떨어진 이유는 침착성이 부족하였기 때문이다.)

👁 be lacking in ~ ~이 없는, ~이 부족한
He is **lacking in** (lacks) courtesy. (그는 예의가 없다.)
☞ 이 동사는 수동태로 할 수 없음, 이 구문은 사람·사물에 관하여 본질적인 성질이 결핍되어 있을때 쓰며, 따라서 He is lacking 이라고는 하 수 없음.

👁 last night 어제밤
His brother left for pusan **last night**.
(어제밤에 그의 형은 부산으로 출발했다.)

👁 late for ~에 지각하다
I was **late for** school. (학교에 지각했다.)

👁 lean over ~에 기어오르다
Don't **lean over** rail! (난간에 오르지 마라!)

👁 leave ~ behind ~을 두고가다, 잊고오다
They **leave** their beloved homes **behind** them.
(그들은 사랑하는 집을 남기고 떠났다.)

👁 live a life ~한 일생을 보내다
He **lived** very happy **life**.
(그는 대단히 행복한 생애를 보냈다.)

👁 live with ~의 집에 살다
She **live with** my sister. (나는 언니 집에서 산다.)

STEP BY STEP DOORS TEST 31

(1) **다음 우리말을 숙어로 바꾸시오.**
① ~의 이름으로   ② 전체로
③ ~에게 ~을 하려하다   ④ ~로부터 판단하다
⑤ ~을 주의하다   ⑥ 어제밤

(2) **다음 숙어의 뜻을 쓰시오.**
① keep away   ② kee pace with
③ late for   ④ live a life
⑤ live with

(3) **다음 밑줄친 부분을 해석하시오.**
① Cats can see <u>in the dark</u>.
② She is <u>still in the flesh</u>.
③ He lived very <u>happy life</u>.

(4) **다음 문장의 ( )속에 알맞은 단어를 넣으시오.**
① The house was than in process ( ) construction.
② He is ( ) ( ) stamp collecting.
(그는 우표 수집에 열을 올리고 있다.)
③ He is lacking ( ) courtesy.
④ They ( ) their beloved homes ( ) them.
(그들은 사랑하는 집을 남기고 떠났다.)
⑤ Don't ( ) ( ) rail! (난간에 오르지 마라!)
⑥ It is a pity ( ) he is not there.

여섯째주

Sixth day

- **long ago** 옛날
  The men of **long ago** made their houses with a view to protection from enemies. (옛날 사람들은 외적을 막는다는 목적아래 그네들의 집을 만들었다.)

- **long since** 오래전에
  I have **long since** give up smoking.
  (나는 오래 전에 담배를 끊었다.)

- **look through** ~을 통해서 보다
  She is **looking through** the window.
  (그녀는 창문을 통해서 보았다.)

- **look to** ~에 의지하다, ~을 돌보다
  He has no one to **look to** besides me in this world.
  (그는 이 세상에 나밖에 의지할 사람이 없다.)

- **lose no time in** ~때를 놓치지 않고 ~하다
  He **lose no time in** searching the house.
  (그는 즉시 가택 수색을 했다.)
  He **lost no time in** seeking them.
  (그는 곧 그들을 찾았다.)

- **lose oneself in** 길을 잃다
  He **lost himself**(=was lost) in the mountains.
  (그는 산에서 길을 잃었다.)

- **loyal to ~, be** ~에 충실하다

They are truly **loyal to** their country.
(그들은 자기 나라에 대하여 참으로 충성스럽다.)

👁 **make a fire** 불을 피우다
They were **make a fire** thought it was very cold.
(날씨가 추워서 그들은 불을 피웠다.)

👁 **make a living** 살아가다, 생계를 유지하다
He **made a living** as a groctor.
(그는 채소 장사를 해서 생계를 유지해왔다.)

👁 **made tea** 차를 끓이다
I was **make tea**. (나는 차를 끓였다.)

👁 **might well ~** ~하는 것도 무리가 아니다, 당연하다
You **may well** say so.
(당신이 그렇게 말 하는 것도 당연하다.)

👁 **mix up** 잘 섞다, 혼동하다
The teacher always **mixes** me **up** with another student. (선생님은 언제나 다른 학생들과 혼동한다.)

👁 **more than** 이상으로, 더할 나위없이, 매우
He is **more than** pleased with the result.
(그는 그 결과에 매우 만족하고 있다.)

👁 **as much** 그만큼(정도)
I thought **as much**. (그럴 것으로 여겼다.)

👁 **need to** ~할 필요가 있다
He did not **need to** come. (그는 올 필요가 없다.)

👁 **needless to say** 말할 것도 없이
Needless to say, water is important.
(말할 것도 없이 물은 중요한 것이다.)

👁 **neither of** 어느 쪽도 ~아니다

Neither of them is alive.
(어느 쪽도 살아 있는 것은 아니다.)

👁 **no ~ at all**   전혀 ~아니다
No moon **at all** a few stars through the trees.
(달은 전혀 보이지 않고 몇개의 별이 나무 사이로 보인다.)

👁 **no better than**   ~이나 마찬가지
He is **no better than** beggar. (그는 거지나 다를바 없다.)

👁 **no less ~ than**   ~에 못지않게
Physical exercise is **no less** necessary **than** study.
(체육은 학과에 못지않게 필요하다.)

👁 **not only but also**   ~이 아니고, ~뿐만 아니라 …도 또한, ~은 말할 것도 없이
We must know **not only** the goal **but also** the road to it. (우리는 목표뿐만 아니라 거기에 이르는 길도 또한 알아야 한다.)

☞ not only A but B가 주어가 되는 경우 동사는 B에 일치함. B as well as A도 거의 같은뜻. A와 B는 대조가 되는 어귀가 아니면 안된다. 다시 말해서 위의 용례를 We must not only know the goal but also the road to it.로 하면, know the goal과 the road to it가 대조되기 때문에 불가함. not merely ~ but도 같은뜻.

👁 **not to mention**   ~은 말할 것도 없이, 물론
He does not know English, **not to mention** French.
(그는 불어는 말할 것도 없고 영어도 모른다.)

👁 **nothing more than**   ~보다 이상의 것은 없다
Nothing is **more** precious **than** time.
(시간보다 더 귀한 것은 없다.)

(1) **다음 숙어의 뜻을 써라.**
   ① look to
   ② lose oneself in
   ③ make a fire
   ④ mix up
   ⑤ need to
   ⑥ no better than
   ⑦ no to mention

(2) **다음 우리말에 해당하는 말을 ( ) 안에 넣어 숙어를 완성하시오.**
   ① 오래전에   ( ) since
   ② 불을 피우다   make a ( )
   ③ ~에 못지 않게   no less ~ ( )

(3) **다음 우리말에 해당하는 숙어를 lose를 사용해서 2개 쓰시오.**
   ① 길을 잃다
   ② ~때를 놓치지 않고 ~하다

(4) **다음 문장의 ( ) 안에 알맞은 단어를 넣으시오.**
   ① She is ( ) ( ) the window.
      (창문을 통해서 보았다.)
   ② They ( ) truly loyal to their country.
   ③ We must know not only the goal ( ) ( ) the road to it.
   ④ ( ) ( ) them is alive.
      (어느쪽도 살아있는 것은 아니다.)

Seventh day

- **on the spot**   그 자리에서, 즉석에서
  He was killed **on the spot**. (그는 즉사했다.)

- **one after another**   하나씩, 차례로, 계속적으로
  Numberless little wooden houses caught fire **one after another**.
  (무수한 많은 목조 가옥들이 차례로 탔다.)

- **over and over(again)**   몇 번이나, 재삼재사(再三再四)
  Turn what you have read **over and over** in your mind.
  (읽은 것을 몇번이나 되풀이 하여 마음 속에 숙고하라.)
  To speak the same thing **over and over** again.
  (몇번이나 같은 것을 얘기한다.)

- **peculiar to**   ~에 특유한
  What is **peculiar to** modern literature is violence for the sake of violence.
  (현대문학에 있어서 특징적인 점은 폭력을 위한 폭력이다.)

- **be preferable to ~**   ~보다 좋다고 생각하다
  Hunger **is preferable to** death.
  (배고픔은 죽음보다 낫다.)

- **protect A against B**   B로부터 A를 보호하다
  We must **protect** our goods **against** imitation.
  (우리는 가짜로부터 상품을 보호해야만 한다.)

- **protect A from B** B로부터 A를 보호하다
  Our houses **protect** us **from** the elements.
  (우리들의 집은 비바람을 막아준다.)

- **refrain from** ~을 그만두다, 참다, 멀리하다, (담배 피우는 것을) 삼가다
  I shall **refrain from** giving my opinions.
  (나는 나의 의견을 말하지 않겠습니다.)
  Please, **refrain from** smoking.
  (담배를 삼가해 주시오.)

- **ring up** 전화를 걸다
  I'll **ring** him **up**.
  (그에게 전화를 걸겠습니다.)

- **run against** 충돌하다, 우연히 만나다
  My car **ran against** the telephone pole and was smashed to pieces.
  (나의 자동차는 전신주에 충돌하여 박살이 되었다.)

- **save A from B** B로부터 A를 구하다
  He **saved** me **from** drowning.
  (그는 내가 물에 빠진 것을 구해주었다.)

- **scores of** ~ 다수의 ~
  In the last few years I have listened to **scores of** young people.
  (지난 수년간 나는 수많은 젊은이들의 소리에 귀를 기울여 왔다.)

- **seek after** ~을 구하다, 찾다
  He **seeks after** wealth. (그는 부를 추구한다.)

- **send for** ~을 부르러 보내다
  As my mother is suddenly ill, I must **send for** doctor.

(어머니가 급환이 나셔서 의사를 부르러 보내야겠다.)
I **sent** a servant **for** the luaggage.
(나는 짐을 가지러 하인을 보냈다.)

👁 **settle in**   고정하다, ~에 거류(居留)하다
They **settled in** distant lands. (그들은 먼곳으로 이주했다.)
He **settled in** a new house. (그는 새집에 들었다.)

👁 **share ~ with**   ~을 나누다, ~을 같이하다
I **shared** my lunch **with** a beggar.
(나는 점심을 거지에게 나누어 주었다.)
I **shared with** him in his distress.
(나는 그의 괴로움을 같이 겪었다.)

👁 **share in**   ~에 참여하다, ~을 할당받다
I had no **share in** the matter.
(나는 그 사건에는 관계가 없었다.)

(1) **다음 숙어의 뜻을 쓰시오.**
   ① one after another   ② peculiar to
   ③ protect A against B   ④ ring up
   ⑤ save A from B   ⑥ send for

(2) **다음 문장을 읽고 해석하시오.**
   ① He settled in a new house. (settle in – 고정하다)
   ② I'll ring him up. (ring up – 전화를 걸다)
   ③ Please, refrain from smoking. (refrain fom – 삼가하다)
   ④ He was killed on the sport. (on the sport – 즉석에서)

(3) **다음 우리말에 해당하는 숙어를 쓰시오.**
   ① 몇번이나   ② 충돌하다, 우연히 만나다
   ③ 다수의 ~   ④ ~을 구하다
   ⑤ 고정하다, 거류하다

(4) **다음 문장의 빈칸을 메꾸시오.**
   ① To speak the same thing over and over ( )
   ② Our houses ( ) us ( ) the elements.
      (우리들의 집은 비바람을 막아준다.)
   ③ He seeks ( ) wealth.
   ④ I sent a servant ( ) the luggage.

first day

- **show off** 자랑삼아 보이다, 잘 보이게 하다
  He drove his car up and down the street in order in **show** if off.
  (그는 자동차를 자랑하기 위해 길을 여기저기 타고 다녔다.)

- **sit up** 일어나다, 똑바로 앉다
  I cannot **sit up**.
  (나는 일어나 앉을 수가 없다.)

- **so far as ~ be concerned** ~에 관한 한에서는, ~에 관해서는
  The sun, at least, **so far as** we **are concerned**, is standing still.
  (태양은 적어도 우리들이 알고 있는 한에 있어선 정지하고 있는 것이다.)

- **speak ill of** ~을 나쁘게 말하다, 욕하다
  He does not do such a mean act as to **speak ill of** a man behind his back.
  (그는 뒤에서 남의 욕을 하는 그런 비열한 짓은 하지 않는다.)

- **stand on** ~의 위에 서다, ~에 의거하다, ~을 고수하다
  We laugh when a man tries unsuccessfully to **stand on** a slippery floor.
  (우리들은 사람이 미끄러지기 쉬운 마루 위에 서려고 하다가 실패 했을 때에 웃는다.)

- **stand up for** 지지하다, 방어하다
  A mother will usually **stand up for** children.
  (어머니는 언제나 아이들 편을 들게 된다.)

- **starve to death** 아사하다, 굶어 죽다
  When there were no railways, people in those districts very often **starved to death**.
  (철도가 없었을 시절에는 그 지방 사람들은 가끔 굶어 죽었던 것이다.)

- **stay away(from)** 결석하다, 떠나가다
  I avoid going downtown and, when I must go, I carefully **stay away from** certain streets.
  (나는 마을로 내려가는 길을 피했다, 그러나 내가 가야만 했을 때는 신중히 어떤 거리로 떠나갔다.)

- **step into** ~에 걸어들어가다, (지위·일 등을) 얻다
  He **stepped into** the dark cave.
  (그는 어두운 동굴속으로 들어갔다.)

- **stick to** 고수하다, 들러붙다
  What we understand and are interested in is likely to **stick to** us.
  (이해되고 흥미로운 것은 우리들의 마음에서 잊혀지지 않은 것이다.)

- **succeed in** ~에 성공하다, ~을 잘 성취하다
  He **succeeded** admirably **in** his business.
  (그는 사업에 훌륭히 성공했다.)

- **such ~ that** ~매우…하므로
  He was **such** a fine gentleman **that** everybody respected him.
  (그는 매우 훌륭한 신사이므로 누구나 그를 존경했다.)

👁 **the former ~ the latter**　전자 ~후자
We have two dogs, a white one, and a black on ; **the former** is larger than **the latter**.
(우리는 두 마리의 개를 갖고 있다. 한 마리는 흰색이고 한 마리는 검은색이다. 전자가 후자보다 더 크다.)

👁 **suffient to ~, be**　충분하다
This food **is suffient to** feed a hundred men.
(이 음식은 백 사람을 먹이기에도 충분하다.)

👁 **suit to**　~에 적합하다
My friend Richard says that perhaps I'm not really **suited to** being an actor.
(나의 친구 리차드는 내가 배우가 되기에는 진실로 적합하지 않을 것 같다고 말한다.)

👁 **suitable to ~, be**　~에 적합하다
It is **suitable to** your age.
(그것은 네 나이에 적합하다.)

👁 **suited for ~, be**　~하기에 적합하다
He is **suited for** a politician.
(그는 정치가로서 적합하다.)

👁 **take a trip to**　~에 여행하다
Every student dreams of **taking a trip to** the beautiful island.
(학생들은 그 아름다운 섬으로 여행하는 것이 꿈이다.)

👁 **take a seat**　앉다
Please **take a seat**. (자아 앉으십시오.)

👁 **that ~ may**　~을 하기 위하여, ~때문에
The boy must work **that** he **may** support his poor family.

(그 소년은 가난한 일가를 지탱하기 위하여 일하지 않으면 않 된다.)

- **the pen**   문필(文筆), 펜의 힘
  The pen is mightier than the sword.
  (문필은 무력보다 강하다.)
  He lives by **the pen**.
  (그는 문필로 의식하고 있다.)

- **talk of**   ~의 이야기를 하다, ~하고 싶다고 말하다
  He is **talking of** going abroad.
  (그는 외국에 가보고 싶다고 말한다.)

- **the case with(~ be)**   ~에 관해서 그러하듯
  As has been **the case with** all Empires in history, the British Empire has passed away.
  (역사상 모든 제국이 그러하듯 대영제국도 사라져 가고 있다.)

- **throw into**   ~에 투입하다, 던져넣다
  The city was **thrown** widly **into** turmoil and torture.
  (그 도시는 광범위하게 혼란과 고통에 빠져들어갔다.)

일곱째 주

(1) **다음 우리말에 해당하는 단어를 써서 숙어를 완성하시오.**
    ① ~에 관한 한해서는   so far as ~
    ② 아사한다   starve to
    ③ 고수하다   stand
    ④ 전자 ~후자   the former ~
    ⑤ ~을 나쁘게 말하다   speak ill

(2) **다음 숙어의 뜻을 쓰시오.**
    ① sit up   ② stay away (from)
    ③ take a seat   ④ that ~ may
    ⑤ talk of   ⑥ throw into ~

(3) **다음 밑줄친 부분을 해석 하시오.**
    ① This food <u>is suffient to</u> feed a hundred men.
    ② Please <u>take a seal</u>.
    ③ He was <u>starved to deah</u>.

(4) **다음 문장의 ( ) 안에 알맞은 단어를 쓰시오.**
    ① A mother will usually ( ) ( ) ( ) children.
       (아이들 편에 들다)
    ② He stepped ( ) the dark cave.
    ③ It ( ) ( ) ( ) your age.
       (그것은 네 나이에 적합하다)
    ④ He is ( ) ( ) going abroad.
       (~ 하고 싶다고 말하다)

Second day

- **treat A as B** A를 B로 취급하다
  You will **treat** us **as** a civilized people.
  (너는 우리를 문명 국민으로서 대우 할 것이다.)

- **time as ~ as** …배만큼 ~하다
  I have five **times as** much money **as** you have.
  (나는 너의 5배의 돈을 가지고 있다.)

- **to the contrary** 그와 반대로
  I know nothing **to the contrary**.
  (그와 반대되는 것을 나는 전혀 모른다.)

- **to ~ extent** ~의 정도까지
  Clothes reveal the taste of the wearer and, **to** some **extent** his character. (의복을 입고 있는 사람을 보면, 취미나 그 사람의 성격을 어느 정도 나타낸다.)

- **turn out to** (결과가 ~으로) 되다
  It **turned out** (to be) true.
  (그것이 정말임이 판명되었다.)

- **used to -ing ~, be** ~이 습관이 되어있다
  I am **used to** that sort of **thing**.
  (나는 그런 일에 익숙해 있다.)

- **under construction** 건축중에
  The school is **under construction**.
  (학교는 건축중이다.)

- **up to date**　현대까지의 최신식의
  Television and radio are indispensable to every **up to date** life.
  (텔레비젼과 라디오는 현대식의 생활 필수품이다.)
  This is no longer **up to date**.
  (이것은 벌써 최신식이 아니다.)

- **unworthy of**　~의 가치가 없는
  I know I can **unworthy of** their efforts.
  (나는 내가 그들이 노력을 기울일 가치가 없는 사람이란 것을 알고 있다.)

- **wishe for**　~을 얻기를 원하다, ~에 부자유하다(want for)
  I can **wish for** nothing more.
  (나는 더이상 아무것도 원하는게 없다.)
  You shall not **want for** anything while I live.
  (내가 살아있는 동안은 네게 부자유스러운 것이라고는 아무것도 없다.)

- **walk away**　걸어가다
  He **worked away** without saying a word.
  (그는 한마디도 말을 않고 걸어갔다.)

- **with indifference**　냉담하게
  He received my advice **with** perfect **indifference**, and I hit him on the head.
  (그는 나의 충고를 건성으로 받아들였다, 그래서 나는 그의 머리를 한대 쥐어 박았다.)

- **what to do**　무엇을 해야할지
  All my friends left me at once, and I was at a loss **what to do**.
  (내 친구가 모두 한꺼번에 나를 두고 떠났다. 그러자 나는 무엇을 해야할지 몰랐다.)

- **with reference to** ~에 관해서, ~에 대해서
  I have nothing to say **with reference to** this question. (나는 이 문제에 관해서 아무런 할말이 없다.)

- **with regard to** ~에 관하여, ~에 대해서
  With regard to this matter, we will talk with your later. (이 사건에 관해서는 나중에 당신과 의논해 봅시다.)

- **with respect to** ~에 관하여, ~에 대하여
  With respect to luxuries, the wisest have lived a more simple life than the poor.
  (사치품에 대하여 말하면 현인은 빈자보다도 간소한 생활을 하고 있다.)

- **without question** 의심할 여지없이 물론
  It is **without question** that the habit of desultory reading, that is, reading **without** a definite purpose, but simply for entertainment, may be carried to excess.
  (산만한 독서, 즉 일정한 목적없이 다만 오락을 위하여 독서하는 습관이 정도가 넘게 퍼져 있음은 의심할 여지가 없다.)

- **worth ~ ing** ~할 가치가 있다, ~할 보람이 있다
  Whatever is worth doing at all, is **worth doing** well.
  (적어도 할 가치가 있는 것은 훌륭히 할 보람도 있다.)

- **worthy of** ~의 가치가 있는, ~에 상응하는
  It is **worthy of** all admiration.
  (그것은 크게 칭찬할 가치가 있다.)

- **would like ~ to** ~을 하고싶다
  Mary asked Tom whether he **would like** her **to** turn the radio off.
  (메리는 톰에게 라디오를 끄라고 할까말까의 여부를 물었다.)

(1) 다음 우리말에 해당하는 단어를 ( ) 안에 넣으시오.
   ① …배 만큼 ~하다   times as ~ (   )
   ② (결과가 ~으로)되다. (   ) out to
   ③ 무엇을 해야할지 (   ) to do
   ④ ~에 관해서 (   ) reference to

(2) 다음 숙어의 뜻을 쓰시오.
   ① to the contray
   ② under construction
   ③ walk away
   ④ with regard to
   ⑤ with question
   ⑥ worthy of

(3) 다음 문장에서 밑줄친 부분을 해석하시오.
   ① I go to the country <u>year after year</u>.
   ② <u>With respect to that matter</u>, there is nothere is nothing to be said.
   ③ He received my advice <u>with</u> perfect <u>indifference</u>, and I the hit him on the head.

(4) 다음 문장의 ( ) 안에 알맞는 단어를 넣으시오.
   ① I ( ) ( ) ( ) that sort of thing.
   (나는 그런 일에 익숙해 있다.)

② I can ( ) ( ) nothing more.
   (나는 더이상 아무것도 원하는게 없다.)
③ Whatever is ( ) doing at all, is worth doing well.
   (적어도 할 가치가 있는 것은 훌륭히 할 보람도 있다)
④ Mary asked Tom whether he would like her ( ) turn radio off.
⑤ You will treat us ( ) a civilized people.
   (너는 우리를 문명국민으로서 대우할 것이다.)

부록

숙어 요약집

1 첫째주

have to do	~하지 않으면 안된다.
so ~ that	매우 ~하므로
between ~ and ~	~사이에, ~의 사이를
out of	~에서(밖으로), ~의 범위 밖에, ~을 잃어
not ~ but ~	~이 아니고 ~이다
think of	~에 대하여 생각하다, ~을 생각해내다
as well as	~와 마찬가지로, ~은 물론이고
as if (though)	마치 ~인 것 처럼
look at	~을 보다
for oneself(= without others' help)	스스로, 혼자 힘으로
because of	~때문에, 한 까닭으로

both ~ and ~	~도 ~도, 양쪽다
more than	~이상으로, 더할 나위 없이
so that ~(can, may, will)	~할 수 있도록, ~하기 위하여
such as	~와 같은(것), 이를테면
too ~ to do ~	너무 ~해서 ~할 수 없다
used to	항상 ~했다, ~하는 것이 예사이었다
no longer (~no more)	이미 ~아니다
different from	~과 다른
instead of	~대신에
each other	서로, 상호간에
be likely to do	~할 것 같다
depend on (~upon)	~에 의존하다, ~을 신뢰하다
tend to	~의 경향이 있다, ~에 이바지하다
for all	~에도 불구하고
lead to	~으로 통하다, ~에 계속하다, ~에 귀착하다
rether than	~라기 보다는 차라리 ~이다
not ~ at all	조금도 ~않다, 전혀 ~않다
due to	~에 의하여, ~때문에
more ~ than	~이라기 보다는 차라리 ~이다
find out	발견하다, 이해하다, (문제를) 풀다
in spite of	~에도 불구하고, 하지만
be concerned with	~에 관계가 있다

at once	즉시, 곧
even if (though)	비록 ~일지라도
more and more	더욱 더, 점점
pick up	줍다, 찾아내다, 붙잡다, 서로 알게되다.
as to	~에 관하여, ~에 대하여
listen to	~에 귀 기울이다
ought to	~해야 한다, ~하는 것이 당연하다
grow up	자라다, 어른이 되다, 성장(발달)해서 ~으로 되다.
at last	결국, 드디어
enough to	~하기에 충분한
whether ~ or	~인지 아닌지, ~해야 할지 어떨지
as ~ as possible(on, can)	될 수 있는대로, 가능한 ~하게
belong to	~에 속하다
after all	결국, 마침내, ~에도 불구하고
turn out	~임이 판명되다, 뒤집다, 끄다
as if(though)	마치 ~인 것 처럼
happen to	우연히 ~하다
neither ~ nor ~	~도 아니고, ~도 아니다
be unable to ~	~할 수 없다
be aware of	~을 알고 있다, ~을 알아채고 있다

talk about	~에 관해서 이야기하다
thousand of	수천의
up to	~까지, ~에 이르기까지, ~의 책임으로
enable ~ to	(사람에게) ~하게 만들다
wait for	~을 기다리다
base ~ on	~에 기초를 두다
for the first time	처음으로
consist of	~으로 이루어지다, ~으로 구성되다
take care of	돌보아주다
that is	즉, 다시 말하면
a little	약간의, 조금
ask for	~을 구하다, 원하다
such ~ that	매우 ~하므로, 대단히 ~하기 때문에
go out	외출하다
had better	~하는 것이 낫다.
be ready to	막 ~하려고 하다
so long as	~하는 한, ~이기만 하면
be afraid of ~	~을 두려워하다, ~을 염려하다
be capable of	~할 수 있다, ~을 감당할 수 있다
prefer ~ to	~을 더 좋아하다, ~을 기뻐하다
refer to	~에 언급하다, ~을 참고로 하다.
those who	~하는 사람들, ~인 사람들

believe in	~을 신뢰하다, 믿다
by oneself	혼자, 단독으로
call on(upon)	(남을)방문하다, 요구하다
carry on	~을 계속하다, 영위하다
come back	돌아오다, 복귀하다
do with	~을 처분하다, ~을 다루다, ~을 참다
far from ~ (ing)	~하기는 커녕, 조금도 ~않다
in the middle of	~중앙에, ~의 가운데
lie in	~에 있다.
look up to	~을 존경하다, ~을 쳐다보다
may well	~하는 것도 당연하다
not so much ~ as	~보다는 오히려
point out	~을 지시하다, ~을 지적하다
prevent ~ from	방해하여 ~못하게 하다
speak of	~에 관하여 말하다
and yet	그럼에도 불구하고
as far as	(~에 관한)한, ~까지
apart from	~은 별도로 하고, ~은 그만두고
adove all(things)	무엇봐도 먼저, 그 중에서도 특히
call for	구하다, 가지러(데리러) 가다, 필요로 하다
carry out	실행하다, 성취하다
distinguish ~ from	~와 ~을 구별하다
look forward to (~ing)	~을 기대하다, 손꼽아 기다리다

more or less	다소, 얼마간, 어느정도, 대략
a great deal of	많은 양의
bring about	(일을) 일으키다, 정신 차리게 하다
get to	~에 도착하다, 연락을 취하다, (일따위에) 착수하다, 시작하다
make up one's mind	결심하다
nothing but	~이외에는 아무것도 ~아니다, 단지 ~ 뿐
apply to	~에 적용하다, ~에 충당하다
as well	~도 또한, ~도 마찬가지로
be close to ~	~에 접근해 있다
compare ~ with ~	~와 ~을 비교하다, ~에 필적하다
get up	일어나다
go into	~으로 들어가다, ~으로 통하다, 참가하다
go through	통과하다, (고난 따위를) 겪다
in the course of	~동안에, ~사이에
kind of	약간, 어느 정도
look like	~같이 보이다, ~인 것 같다
no more than	겨우 ~뿐, 다만 ~에 불과하다
not always	(부분부정) 반드시 ~은 아니다
not neccessarirly	반드시 ~은 아니다
speak to	~에게 말을 걸다
succeed in	~에 성공하다, ~을 잘 해내다
be willing to (do)	기꺼이 ~하다

at night	밤중에
differ from	~과 다르다
from time to time	때때로, 종종
make use of	~을 이용(사용)하다
on the whole	대체로
about to ~, be	~하려고 하다
and so on	~따위, 등등, 기타
as a whole	전체적으로
care for	~을 돌보다, 사랑하다, 원하다
first of all	무엇보다도 우선
be fond of	~을 좋아하다
make ~ of ~	~으로 ~을 만들다, ~을 ~로 만들다
make up	~을 만들다
no matter how	비록 ~한다 하더라도, 아무리 ~해도
of one's own	독자적인
set up	~을 설립하다, 세우다
so as to	~하기 위하여, ~하도록
suffer from	~으로 괴로워하다, ~에 걸리다
take up	집어 올리다, (장소·시간) 차지하다, 끝내다
add to	~을 더하다, 증가하다
all right	훌륭하게, 만족할 만큼, 정확히

둘째주

be apt to	~하기 쉽다, ~할 것 같다
as a rule	대체로, 일반적으로
as ~ as possible can(one can)	될 수 있는 대로
contribute to	~에 공헌하다, 기여하다
next to	거의 ~와 같은, ~에 가장 가까운
not because ~ but because	~ 때문이 아니라 ~때문에
provide for	~에 대비하다, 부양하다
set(for, to)	~으로 출발하다
similar to ~, be	~와 같은, 비슷한
be to(do)	~할 예정이다, ~해도 좋다, ~의 운명이다
bring up	기르다, 교육하다, 데리고 오다, 꺼내다
by the time	~할 때 까지는
come down	내려오다, 전해 내려오다
cut off	잘라 버리다, (사람)을 침묵시키다
get over	~을 건너다, 회복하다
inclined to ~, be	~하려는 경향이 있다, ~하고 싶은 생각이 들다
later on	그 후, 나중에

make out	이해하다, 알아차리다
millions of	수백만의, 무수한
take off	제거하다, 가버리다, 떠나가다, 벗다
think of ~ as	~을 ~로 (같이) 생각하다
all over	온몸에, 어느 곳이나
arrive at	~에 도착하다
as it were	말하자면
cling to	~에 착 달라붙다, ~에 집착하다
(be, become) conscious of	~을 알다, ~을 의식하다
except for	~ 외에, 이 있을 뿐
be familiar with ~	~와 친밀하다, ~에 정통해 있다
for a moment	잠깐동안, 잠시동안
for a while	잠시동안
go back	돌아가다, 거슬러 올라가다
be known to ~	~에게 알려져 있다
lead to	~으로 통하다, ~에 계속하다, ~에 귀착하다
look forward to (~ing)	~을 기대하다, 손꼽아 기다리다
look down on(upon)	깔보다, 경멸하다
make a mistake	실수하다, 틀리다
not yet	아직도 ~아니다
put on	입다. 붙이다, ~인 체하다
run away	도망치다, 달아나다
search for	~을 찾다, 구하다

set off	출발하다, 두드러지게 하다
sit down	앉다, 자리잡다, 포위하다
be subject to	~을 받다, ~에 따라야 한다
take away	~을 가져가다
as for	~에 관해서는, ~로서는
build up	~쌓아 올리다
do without	~없이 지내다(해나가다)
even if(though)	비록 ~일지라도
get into	~에 들어가다, 타다, 몸에 걸치다
get off	~을 내리다, 출발하다, ~을 피하다
go about	돌아다니다, 힘쓰다, (일에) 착수하다
go away	떠나다, 가버리다, 가지고 도망하다
go home	귀가하다, 귀국하다
in itself	본직적으로, 본래는
in so far as	~하는 한에 있어서는
be incapable of	~할 수가 없다.
insist on(upon)	주장하다, 고집하다
look on ~ as	~을 ~으로 여기다(간주하다), ~을 ~으로 생각하다
not so ~ as	~만큼 ~못한다
of importance	중요한
owing to	~때문에, ~으로 말미암아
prevent ~ from	방해하여 ~못가게 하다

put off	연기하다, 출발하다
a piece of	한 개의, 한 조각의
be absorbed in ~	~에 몰두하다
be accustomed to	~에 익숙하다, 항상 ~하다
all over the world	전세계에
as a matter of fact	사실은, 사실상
as long as	~하는 동안에는, ~하는 한에는
as much as	~만큼, ~정도 ~처럼
at school	수업중, 재학중
be bound to ~	반드시 ~해야 한다
but for	~이 없다면
cannot help ~ ing	~하지 않을 수 없다
come across (meet with)	~을 우연히 찾아내다
come out	나오다, 발매되다, 출판하다
be contrary to ~	~에 상반된
be dependent on(upon)	~에 의존하다, ~나름이다
derive from	~에서 나와있다, 유래하다
from ~ point of view	~의 견지(見地)에서
get on	진보하다, (탈것에) 타다, 출세하다
have nothing to do with	~과 관계가 없다
in part	일부분, 부분적으로
in regard to	~에 관하여는
be indifferent to	~에 무관심하다
intend (~ to do)	~할 작정이다
be obliged to	~하지 않을 수 없다

부록: 숙어 요약집

put out	내놓다, 발표하다, 출항하다
result from	~의 결과로 생기는
that is (to say)	즉, 다시 말하면
wake up	깨다, 깨우다
worth while	~할 가치가 있다
write to	~에게 편지를 쓰다
a bit of	한 조각의, 소량의
adapt onself to	~에 순응하다, 적응하다
as many ~ as	~만큼
be ashamed of	~을 부끄러워하다, ~이 부끄럽다
associate with	~에 참가하다, ~과 교제하다
at the age of	~살 때에
come into	~에 들어가다, ~을 물려받다
come upon	~와 우연히 마주치다
be connected with	~와 관계가 있다
devote(~ to)	바치다, (마음이나 몸을) 맡기다
enjoy oneself	즐겁게 지내다, 즐기다
ever since	이래(以來), 그후 계속
for a long time	오랫동안, 잠깐동안
get along	살아가다, 진척되다(일 따위가)
go down	내려가다, 기록되다, (배가)침몰하다
in addition to	~에 더하여, 의 외에
in advance	~보다 나아가서, ~보다도 앞서
in the midst of	~의 중도에, 한참 ~할때에

in vain	헛되이, 보람없이(=vainly)
less ~ than ~	~보다 적은, 못한
live on	~을 주식으로 하다, ~으로 생활하다
look around	둘러보다, 구경하다
make sure	확인하다
might as well	~차라리 ~하는 것이 낫다
once more	한번더
provide A with B	A에게 B를 공급하다
remind A of B	A에게 B를 생각나게 하다
result in	~으로 끝나다, ~으로 귀착하다
so far	거기까지, 지금까지는
same as	~와 같은, ~와 같은 종류의
think about	~에 대하여 생각하다
to an extent	어느 정도까지는
be unaware of	~을 모르다, ~을 눈치채지 못하다
be worthy of	~의 가치가 있는, ~에 어울리는
adjust A to B	A를 B에 순응시킨다
all one's life	한평생, 낳아서부터 줄곧
a matter of	~의 문제, 대략, 약
aim at	겨냥하다
at the time	그간, 줄곧, 시종, 내내, 언제든지
begin to	~하기 시작하다
come about	생기다, 일어나다

deprive A of B	A에게서 B를 빼앗다
do one's best	최선을 다하다
for one's own sake	자신을 위해서
go with	~에 동행하다, ~와 조화하다
in any case	어떠한 경우에도, 어쨋든
in comparison with	~에 비하면
in favor of	~에 찬성하여, ~에 유리하게
in oneself	본래, 본질적으로 그 자체
keep up with	~에 따라가다, ~에(뒤떨어) 지지 않다
learn by heart	암기하다
look into	~을 조사(연구)하다, 들여다보다
meet with	~와 마주치다
no matter what (who)	비록 ~ 한다 할지라도
no sooner ~ than	~하자마자
not until	~에 이르러서 비로소
on earch	도대체, 이세상의(에), 조금도
one A the other B	(둘중) 하나는 A ~ 또 하나는 B
out of date	시대에 뒤진, 구식의

3 셋째주

participate in	~에 참가하다
prepare for	~의 채비를 하다, 준비하다
seem to	~으로 생각되다, ~처럼 보인다
separate A from B	A와 B를 떼어놓다
settle down	안정하다, 정주하다, 침전하다
share A with B	A와 B를 나누다, ~을 공동분배하다
sooner or later	조만간, 멀지않아
spring up	튀어오르다, 일어나다, 생기다
stare at	응시하다
stop -ing	~하는 것을 중지하다
take it for granted	~을 당연한 것으로 생각하다
take over	~을 인계받다, 인수받다
to begin with	우선, 무엇보다도 먼저
to my surprise	놀랍게도
whether ~ or not	…인지 아닌지, 이거나 말거나
a set of	한 벌의
anything but	~이외에는 무엇이나, 결코 ~아닌, ~는 커녕
at the moment	바로 지금(마침 그때)
break down	파괴하다, 부서지다, 쓰러뜨리다,

	실패하다, 꺾이다
break out	(전쟁·화재 따위가) 일어나다, (종기가) 발진하다, 탈출하다
catch up with	~에 뒤쫓아 미치다, 뒤쳐지지 않다
confine ~ to …	…에만 국한하다
consist in	~에 있다, ~에 존재하다
be content with ~	만족하다
escape from	~에서 도망하다
fall on (upon)	(축제일 따위가) 바로 …날이다, 닥치다, ~을 습격하다
feel like -ing	~하고 싶다
fill with	~으로 가득하다
for the purpose of(-ing)	~의 목적으로, ~을 위하여
get out of	~에서 나오다, ~에서 내리다, ~에서 꺼내다, ~을 알아내다
glance at	~을 힐끗보다
have got to	~하지 않으면 안된다
hold out	계속 지탱하다, 유지하다, 제출하다, (손을) 내밀다
identify A with B	A와 B를 동일시하다
if it were not for	만약 ~이 없다면
in the future	장래, 미래에
be independent of ~	~에서 독립하고 있다, ~와 관계가 없다
interfere with	방해하다, 충돌하다

it is true ~ but	과연 ~이지만, 그러나~
look back	뒤돌아보다, 회고하다
make progress	진행하다(진보향상)
many a	많은
now that	~이니까, ~인(한) 이상은
on the ground (that) of	~이라는 이유로
be open to ~	~의 여지가 있다, ~에 대하여 문호가 개방되었다
play with	~을 가지고 놀다, ~을 만지작거리다
put up	~을 내걸다, (천막을) 치다, (집을) 짓다
reduce A to B	A와 B로 바꾸다
rely on (upon)	~에 의지하다, 기대(신뢰)하다
resort to	(수단에) 호소하다, 의지하다, 자주가다
see through	~을 꿰뚫어보다, ~을 간파하다
should like to	~하고자 한다
stand up	일어서다, 지속하다
be supposed to ~	~하기로 되어 있다, ~해서는 안 되도록 되어있다
take advantage of	~을 이용하다, 틈나다, 속이다
take after	~을 닮다, 모방하다(resemble)
take out	꺼내다, 데리고 가다
tired of ~, be (get)	~에 싫증이 나다, 싫어지다

to be sure	확실히, 과연
turn into	~로 변하다, ~로 들어가다
turn up	위를 향하다, 위로 구부리다, 나오다, 나타나다
what is called	소위
with case	쉽게, 용이하게(easily)
acquainted with ~, be	~을 알고 있다, ~에 정통하고 있다
add A to B	A를 B에 더하다
appear to	~인 것 같다, ~으로 생각하다
arise from	발생하다, ~로부터 일어나다
as it is	(문장 끝에 있을때) 현재 상태로, 있는 그대로
as usual	여느 때처럼, 평소와 같이
at the bottom (of)	~의 밑바닥에, ~의 밑에, ~의 원인으로
at the mercy of	~의 처분에 달려(in the power of)
attribute A to B	A는 B의 탓이다
attached to ~, be	~에 애착이 있다
call up	(누구에게) 전화를 걸다
available to ~, be	~이용되다, 소용되다
communicate with	~과 통신하다
concentrate on (upon)	~에 집중하다
composed of ~, be	~으로 이루어지다(=consist of)
disagree with	~과 일치하지 않다

be essential to ~	~에 필수불가결하다
every time	~할 때마다 (= Whenever), ~할때는 언제나
fail in	~에 실패하다
fall into	~이 되다, ~에 빠지다, ~하기 시작하다
for a time	한때, 임시로, 당분간
for all	~에도 불구하고 (= in spite of)
glad to ~, be	기꺼이 ~하는, ~해서 기쁜
go by	(날, 때가) 경과하다, 지나가다
in accordance with	~에 따라, ~대로, ~와 일치하다
in return	보답으로, 답례로, 대신에
judge by	~으로 판단되다
keep on	계속하다, (몸에) 입은체 있다
keep up	지탱하다, 유지하다, 계속하다
lead a life	~의 생활을 하다
last ~ should	~하지 않도록, ~하면 안되므로
look about	주변을 둘러보다, 둘러보아 찾다
make for	~의 이익이 되다, ~으로 향하여 나아가다
make up for	~의 보상을 하다
on the basis of	~을 기초로 하여
on the one hand	~한편으로, 그 반면에
on the way	~에 가는 도중
out of order	순서가 어긋나, 흐트러져

only to	단지 ~하기 위하여, ~한거나 마찬가지가 되다.
none the less	역쉬, 그래도, 그럼에도 불구하고
pass through	~을 통과하다, (생각이) 스치다, 거치다
prefer to	~을 더 좋아하다
recover from	~에서 회복하다
relate to	~와 관계가 있다, ~와 인척이다
run into	~에 뛰어들다, (강이)~에 흘러들다, ~에 달하다
see to it that	~을 돌보다, ~을 처리하다
set about	~을 하기 시작하다(= begin), ~에 착수하다
slow down	(속력을) 늦추다, (속력이) 떨어지다
something of	얼마간, 약간, 다소
take ~ into account	~을 참작하다, 고려하다
take on	~을 떠맡다, 가장하다, 띠다, 취하다, 고용하다
turn away	외면하다, 해고하다, 쫓아내다
turn around	방향을 바꾸다, 주의를 바꾸다
turn down	구부리다, 접다, 거절하다
turn off	해고하다, (길을) 잘못들다, (전등을) 끄다

turn on	(라디오 따위를) 틀다, (전등을) 켜다
a good many(of)	다수의
a pair of	한 쌍의, 한 켤레(벌)의
accompanied by (with), be	~이 따르다, 수반하다, 뒤를 이어 일어나다
act on (upon)	~에 작용하다, ~에 따라 행동하다
all but	~거의 …나 마찬가지다, ~을 제외하고는 모두
along with	~와 함께(together), 같이
apply A to B	A를 B에 붙이다, 응용하다
apply for	~을 지원하다, 의뢰하다
as regards	~에 대하여, ~에 관하여
as such	그런 것으로서
at a distance	조금 떨어져, 떨어진 곳에
at (the) best	기껏해야, 잘해야, 고작
at first hand	직접으로
at length	드디어(=at last), 자세히, 충분히
at the sight of	~을 보고, ~을 보자
attch to	~에 따르다
attend to	주의하다, 보살피다, 유의하다
become of	~이 되다, ~으로 되다
bring on	야기하다, 초래하다
call out	도전하다, 소집하다

catch sight of	~을 찾아내다, 발견하다
come to an end.	끝나다
convinced of ~, be	~을 확신하다.
deal in	~을 팔다, ~에 종사하다

4 넷째주

eagar to ~, be	간절히 ~하고 싶다
earn one's living	생계를 세우다
express oneself	자기의 생각을 말하다, (~이라고 말하다)
face to face	~얼굴을 맞대고, 직면하여
fall short of	~에 안닿는, ~에 달하지 않은
find fault with	~을 비난하다, 잔소리하다
find one's way	길을 찾아가다, (목적에)도달하다
for ever	영구히
free from ~, be	~이 없는, ~을 벗어난
gaze at	~을 응시하다
hear about	~을 자세히 듣다
hold on	지속하다, 매달리다, 늘어붙다, 버티다
hostile to ~, be	~에 적의를 갖고 있다, 대립하다
in addition (to)	~에 더하여, ~의 외에
in place of	~의 대신으로
in the absence of	~이 없을 경우에, 없으므로
in the face of	~을 맞대놓고, ~임에도 불구하고
involve A in B	A를 B를 포함하다
know of	~이 있는 것을 알다

laugh at	~을 (보고, 듣고) 웃다, ~을 비웃다
long for	~을 그리워하다, 열망하다
look on (upon)	~을 구경하다, 간주하다
look out	밖을 보다, 주의하다(=be careful)
lots of	많은
make an attempt to	~하려고 시도하다
make oneself understood	자기의 말을 남에게 이해시키다
no more	이제는 ~이 아니다
not ~ any more than ~	~이 아닌 것과 같이 ~이 아니다
not(in) the least	조금도 ~않다
now and then	때때로
on a(large) scale	대규모로
on the part of	~의 편에서는, ~을 대신하여
on the point of ~ing	바야흐로 ~하려 하여
once again	다시한번
one by one	하나씩 차례로
one thing ~ another	~와 … 와는 다르다
out of the question	문제가 안되는
parts of	~의 각부분
pass by	통과하다, 묵과하다, 경과하다
persist in	주장하다, 고집하다
pretend to	~인 체하다, 꾀하다, 구하다
related to ~, be	~와 관계가 있다, 친척이다
respond to	~에 감응하다, 공명하다

rest on(upon)	~에 의존하다, ~에 의거하다
rob A of B	A에게서 B를 빼앗다
run out of	~을 다 써버리다, 바닥이 나다
satisfied with ~, be	~에 만족하다
say to oneself	스스로 다짐하다, 혼잣말하다
so far as	~ 하는 한에서는
sure to ~, be	꼭 ~하다, 반드시 ~하다
take notice of	주목하다, 주의하다, 상대하다
take one's place	착석하다, ~에 대신하다
take pride in	~을 자랑하다(뽐내다)
throw away	~을 내던지다, 헛되게 하다
to some extent	어느 정도까지
with all	~에도 불구하고, ~은 있으면서
again and again	몇번이고 되풀이하여
ahead of	~앞에, ~ 보다 앞서
all the more	더욱 더, 한층 더, 도리어 더
allow to …	허가하다, 인정하다
amazed at ~, be	~에 깜짝 놀라다
enxious to ~, be	대단히 ~하고 싶어하다, 절망하다
as follows	다음과 같이
as good as	~이나 다름없는, 거의, ~에 충실한
at a loss	어쩔줄 모르고, 어리벙벙하여
at any time	언제든지
at first sight	한눈에 보고, 첫번째 보고

at large	일반적으로
at random	닥치는 대로, 엉터리로
boast of	~을 자랑하다
break into	~에 침입하다, 갑자기 ~하기 시작하다
bring back	도로 데려오다, 상기시키다
by virtue of	~힘으로, ~에 의하여
care about	~을 걱정하다, ~에 관심이 있다
carry away	가져가다, 넋을 잃게하다
clear up	(날씨가)개다, 해결하다
close by	~의 가까이에, ~의 바로곁에
come back to	(다시) 머리에 떠오르다
come on	오다, (전기 따위가) 들어오다
come up to	~에 달하다, ~까지 미치다
be compared to ~	~에 비유되다
be compelled to ~	~하도록 강제하다
continue to	~하는 것을 계속하다
cope with	맞서다, 대응하다
correspond to	~에 부합하다, ~에 해당하다
day after day	오늘도 내일도, 매일
be entitled to ~	~을 받을 자격 (권리)이 있다
entrust ~ to (with)	위탁하다, 맡기다
famous for	~으로 유명한
far into the night	밤늦게까지
figure out	~을 계산하여 합계를 내다

get on with	~와 의좋게 지내다, 일 따위를 착착 진척 시키다
go back to	돌아가다, (~으로) 거슬러 올라가다 (~to)
have a good time	즐겁게 지내다(보내다)
have an effect on	~에 영향을 미치다, ~에 효과가 있다
have seen better days cone's day	번창할 때도 있었다, 전성기도 있었다
help ~ with …	~의 (일 따위)를 돕다, ~에게 …을 보급하다
hold up	올리다, 강도질하다, 지연시키다, 저지하다
in a word	요컨대, 한마디로 말하자면
in common(have ~ common)	공통하게, 공동으로
in conflict with	~와 충돌하여
in motion	움직이어, 운동(운전) 중의
in honor of	~을 축하하여, ~에게 경의를 표하여
in the main	대개
in this respect	이 점에 있어서는
join in	~에 참가하다, ~에 가입하다
keep away from	~을 피하다, ~에 가까이 하지 않다

keep on ~ing	계속 ~하다
let alone	~은 말할 것도 없고, ~을 방임하다
look down(upon)	내려다 보다, 깔보다
look forward to	~을 기대하다, ~을 즐기며 기다리다
look over	~너머로 보다, (~을) 대충 훑어보다, (~을 눈감아주다
make the best of	~을 될수 있는대로 잘하다, ~을 될 수 있는대로 이용하다
may as well	~하는 편이 좋다
near to	~근처에, 가까이에
not A without B	A 이면 반드시 B이다
object to	~반대하다
present oneself at	출두하다, 나타나다
put aside	제쳐놓다, 치우다
put away	따로 빼놓다
rather ~ than …	~보다는 차라리 …하는 편이 좋다
be rich in ~,	~이 풍부(윤택) 하다
right away	즉시, 곧
run over	~을 치이게하다
send out	~을 발송하다, ~을 파견하다, 발산하다
shake up	~을 뒤흔들어 섞다, 뒤 흔들다
be short of ~	~에 부족하다, ~이 모자라다

smile at	~을 보고 미소짓다, 방긋웃다, 일소에 붙이다
stand out	두드러지다, 버티다
store up	~을 저축(저장)하다, 축적하다
substitute A for B	A를 B 대신으로 사용하다
be surprised at ~	~에 깜짝 놀라다

5 다섯째주

take time	시간이 걸리다
tell A from B	A와 B를 구별하다
thank A for B	B를 A에게 감사하다
think over	~을 숙고하다, 곰곰 생각하다
what about	~은 어찌될 것인가?
what we(you) call	소위
a long time	오랫동안
accuse ~ of	~을 ~한 일로 나무라다, 비난하다, 고소하다
adapt A to B	A는 B에 순응하다
all along	처음부터, 쭉
all at once	갑자기, 단번에
Amount to	총계가 ~이 되다
and that	게다가, 그것도
be anxious for ~	~을 간절히 바라다, 갈망하다
as ~, so ···	~와 마찬가지로
as compared with	~와 비교하면
as yet	아직, 지금까지
associate ~ with	~을 연상하다
be astonished at ~	~에 놀라다
at all events	좌우간, 여하튼 간에

(at) any time	언제든지
at all times	항상, 모든 경우에
at most	많아도, 기껏해야
at the expense of	~의 비용으로, ~을 희생하여, ~에게 괴로움을 끼치고
at the risk of	~을 내걸고, ~을 무릅쓰고
at the top of	~의 꼭대기에, 최대의 ~로
be bound of for ~	~행이다
by chance	우연히, 어쩌다가
by hand	손으로
by nature	나면서 부터, 본래
by the way	말이 난김에 말이지, 그런데
by way of	~을 경유해서, ~을 위하여, ~으로서
bring in	가지고 들어오다, 소개하다, 판결하다
bring oneself to (do)	~할 마음이 들다
be busy-ing ~	~하는데 바쁘다.
come of	~의 태생이다, ~에 유래하다
compare with	~와 비교하다
concern oneself with	~에 관심을 가지다, ~을 근심하다
confuse with	~과 혼동하다
cry out	큰소리로 외치다
cut up	잘게 썰다, ~을 혹평하다

decide on(upon)	~(하기로) 결정하다, ~을 결정하다
describe A as B	A를 B로 묘사하다
be determined to ~	결심하다
die out	사멸하다, 소멸하다
do ~ good	이롭다, 도움이 되다
do harm	피해를 주다
dwell on(upon)	~에 대하여 상세히 말하다. 곰곰히 생각하다
end in	(결과 따위가) ~으로 끝나다
end up	결국 ~이 되다
fall behind	~에 뒤지다
be favorable to ~	~에 대해 호의적이다
for sale	팔 물건
for some time	잠시동안
for sure	확실히, 틀림없이
for the moment	우선, 당장은
for the time being	당분간
free of (~, be)	~가 면제되어
get down	내리다, 삼키다
give rise to	~을 생기게 하다, 야기하다
get used to(-ing)	~하는 것에 습관이 되어있다.
give attention to	~에 주의하다
give off	~을 발산하다, 풍기다
be good at ~	~에 능숙하다

graduate from	~을 졸업하다
be guilty of ~	~의 죄가 있다, ~을 저지른 자각이 있다.
hang on	~에 매달리다
hang up	~을 달다, 연기하다, 전화를 끊다
have ~ in common	공통적으로 갖고 있다
help oneself(to)	~을 마음대로 들다
hold back	말리다, 억제하다, 망설이다
hold about	~에 대해서 어찌 생각하나?
hurry up	급하게 하다
if only	~했으면 좋겠다
ill at ease	마음을 놓지 못하는, 불안하여, 거북스러운
impose on	이용하다, 강제하다
in company	사람들 있는데서
in connection with	~와 관련있는, ~에 관하여
in demand	수요가 있다
in future	장래, 미래에
in haste	급히, 당황히
in need(of)	필요한, (~을) 필요로 하는
in respect of	~에 관하여
in succession	연달아, 연속하여
in the country	전원에서, 시골에서
in the distance	아주 먼곳에
in the habit of	~하는 버릇이 있다. 곧잘 …하다

be inferior to ~	~보다 열등하다
keep in mind	마음에 간직하다, 기억하다
leave off	그만두다, 멎다, 벗다
live through	~을 배겨나다, 살아남다, 연명하다
long before	오래전에(과거)
make oneself at home	안심하다
make the most of	될수 있는데까지 이용하다, 최대한 도로 이용하다
mind -ing	~하고자 하는 생각을 하다
much less	더군다나 (하물며) ~은 아니다
none of one's business	~의 알 일이 아니다
not ~ any longer	더이상 ~아니다
not ~ any more	더이상 ~ 못하다
not altogether	전부 ~은 아니다
not until ~ that	~이 되어 비로소
now and again	때때로
of one's own -ing	스스로 ~하다
of use	소용되는, 유용(有用) 한
on behalf of	~을 대신하여, ~을 위하여
on foot	도보로, 걸어서
out of sight	눈에 보이지 않은 곳에
play a role (in)	~ 의 역을하다
be pleased to ~	기꺼이 ~하다
prevent ~ from -ing	방해하여 …못하게 하다
be ready for ~	~의 준비(각오)가 되어 있다

reflect on	~을 숙고하다, 회고하다, 영향을 미치다
ring up	전화를 걸다
set down	~을 …로 보다, (승객을) 내리다, ~의 탓으로 돌리다 (~to)
set in	시작되다, ~이 되다
shrink from	~에서 뒷걸음 치다, 꺼려서 ~않다
shup up	감금하다, 닥쳐버리다, 침묵시키다
speed up	속도를 더하다, 능률을 올리다, 촉진하다
spread out	펼치다
still less	하물며 더욱 …아니다(=much less)
sum up	합계하다, 약언하다, 요약하다
take a walk	산보하다, 산책하다
take in	받아들이다, 이해하다, 속이다
take the place of	~을 대신하다
take down	내려놓다, 적어두다(=write down)
be tempted to ~	~하고 싶다, ~의 유혹을 받다
thank you for	~에 감사하다
thanks to	~의 덕택으로, ~때문에
the same ~ that	~와 동일한, ~와 같은 종류의
think out	~을 생각해내다, 해석하다
together with	~와 함께, 같이
wait on(upon)	~을 방문하다, 시중들다

want to	~을 원하다
be well off ~	유복한, 잘 되어가는
what ~ for	왜, 무엇때문에
wonder if	~이 아닐까 모른다
(be) wrong with	형편이 나쁘다, ~에 고장이 있다
work on (upon)	~에 효험이 있다
yield to	~을 받아들이다, ~에 굴복하다
a chain of	~의 사슬, 일련의
a standard of living	생활수준
a matter of course	물론
a lot	대단히, 많이
a handful of	한 줌, 가득히
a quarter of	~의 4분의 1
a large part of	~의 대부분
a great part of	~대부분
all of a sudden	갑자기, 단번에
all year round	일년중
a flock of	한 무리의
be afraid to ~	두려워서 ~할 수 없다
agree to	~에 동의하다, 승낙하다
all sorts of	온갖 종류의, 여러 가지의
as fast as	~과 같이 빨리
all the same	(결국) 마찬가지, 역시
all the way	도중내내
as ~ go	~의 상태로는

as much	그만큼, 그와 같이
at a glance	슬쩍 보아서, 일견해서
at ease	걱정없이, 편안하게
at (the) bottom	근본적으로, 실제로
at a rate	비율로
at midnight	한밤중에
at one's disposal	마음대로, 자유로이 쓸 수 있는
attend to	주의하다, 보살피다, 유의하다, 일을 하다

여섯째주

attch A to B	A를 B에 붙이다
at(the) cost of	~을 희생으로 하여
at the price of	~을 희생으로 하여
attempt to	~을 시도하다, 기도하다
avail oneself of	~을 이용하다, (기회를) 타다
back and forth	앞뒤로 왔다갔다, 여기저기에
better than	~보다 좋다, 보다 잘 알다
beyond description	형언할 수 없을 정도로, 무어라고 말할 수 없이
beyond the reach of	~이 힘이 미치지 못하다, 벅차다
blow up	폭파하다
be born of ~	~에서 태어나다, ~출신의
bother about	~에 대해서 근심하다
break in	(특히 말, 구두) 길들이다, (아이들에게) 교양을 가르치다
break off	~을 꺾어버리다, 끊다, 막다
break up	산회(散會)하다, 붕괴하다
burn down	전소하다, 불길이 수그러지다
by air	공로로, 비행기로
by the side of	~에 비하여, ~곁에서
by train	기차로

cannot but	~하지 않을 수 없다
carry about	가지고 있다
cannot fail to	반드시 ~하다
careful of be ~, be	~을 소중히 여기다
change into	~로 갈아입다, 변하여 ~이 되다
come close to	거의 ~을 성취하기에 이르다
come into use	쓰이게 되다
come over	건너오다, (멀리서)오다, (감정 어둠 따위가) ~을 덮치다
consist in	~에 있다, ~에 존재하다
consist of	~ 성립되다
come round	돌아오다, 회복하다
come to grips	~와 맞붙다, 꾸준히 노력하다
come true	실현되다, 들어맞다
compensate for	보상하다, 갚다
in contact with	~와 접촉해서
control over	~에 대한 지배
count on(upon)	~을 기대하다
a couple of	두 개의, 한 쌍의
cover ~ with	…으로 채우다, 끼우다, 포함하다
day by day	날마다, 서서히
devote oneself to	~에 열중하다, 몰두하다, ~에 헌신하다
die away	사라지다
do ~ harm	~(에) 해를 끼치다

do well	잘하다, 번영하다
draw out	뽑아[끄집어] 내다, (예금을) 찾다, (제비를) 뽑다
draw on	(장갑 따위를) 끼다, …을 유발하다, ~을 꾀다, ~에 의지하다
be equal to ~	~와 같다, ~을 감당할 수도 없다
face with	~에 직면하다
fall asleep	잠들다, 졸다
fall back on (upon)	~에 의지하다
fall out	(군사)대열을 떠나다, 일어나다, ~의 결과가 되다
feed on	~을 먹고 살다, ~으로 기르다
fight against	~과 전쟁을 하다
for good	영구히, 영구적으로
focus on	~에 모으다, 집중하다
free from	~로 부터 해방하다
from the beginning	처음부터
furnish with	~을 비치하다, 설치하다
get along with	~와 사이좋게 지내다
get in	~에 들어가다, 타다, 도착하다
get in touch with	~와 연락「접촉하다」, ~와 만나다
get lost	길을 잃다
get tired of	~에 싫증나다, ~에 물리다
give back	~을 돌려주다
give way to	~에 지다, ~에 자리를 양보하다

go to sea	선원이 되다
go with	~을 따르다, ~와 조화되다
go so far as to(do)	극단적으로 ~하다
go well [wrong] (with)	잘 (안) 되어가다
grow into	성장하여 ~로 되다
hand ~ on	차례(다음)로 돌리다
have a share in	분담하다, 몫을 가지고 있다
hear from	~으로부터 편지가 왔다(받다), 소식을 듣다
have much to do with	~과의 관계가 크다
hit upon (on)	~을 생각해내다, ~와 우연히 마주치다
have the advantage of	~보다 낫다, 유리하다, ~의 장점이 있다
hundreds of thousands of	수십만의
if it had not been for	만약(사람에게) ~이 없다면
if possible	가능하다면
in a manner	어떤의미에서는, 말하자면
in charge of	~을 맡고있는, ~에게 맡기어져
in exchange for	~와 교환으로, ~의 대신으로
in opposition to	~에 반대(반항)하여
in good order	정돈되어, 정연하게, 건강하게
in proportion as	~에 비례하여, ~에 따라서
in public	공공연하게, 여러사람 앞에서
in reality	실제로, 실은

in response to	~에 응하여, ~에 답하여
in sight	보이다
in store	저장하여, 준비하여
in sympathy with	~에 동정하여, ~와 공명하여
in love(with)	~을 사랑하여, 연애에 빠지다
in many respects	모든 점에 있어서
in one's company	~와 함께, ~와 더불어
in one's life	지금까지는
in the air	(소문 따위가) 퍼져서
in the minority	소수로
in the name of	~의 이름으로, ~의 이름(권위)을 걸고
in the dark	어두운 곳에서
in(the) process of	~진행 중에, 한창 ~하는 중에
in the mass	전체로
in the flesh	살아있는
in time(for)	시간에 대어, 조만간, 때가되면
intend for	~에게 ~을 하려하다
it is ~ that…	…이란 것은 ~이다
it is no use ~ ing	~하여도 소용없다.)
judge from	~로부터 판단하다
be keen on ~	좋아하는, 열망하는
keep an eye on	~을 주의하다, ~을 감시하다
keep away	~을 멀리하다, ~에 가까이하지 않다

keep back	억제하다, 숨기다
keep pace with	~와 보조를 맞추다, ~에 뒤지지 않다
know better	좀더 분별이 있다. (~할 만큼) 어리석지 않다
lack in	~이 부족하다
be lacking in ~	~이 없는, 이 부족한
last night	어제밤
late for	~에 지각하다
lean over	~에 기어오르다
leave ~ behind	~을 두고가다, 잊고오다
live a life	~한 일생을 보내다
live with	~의 집에 살다
long ago	옛날
long since	오래전에
look through	~을 통해서 보다
look to	~에 의지하다, ~을 돌보다
lose no time in	~때를 놓치지 않고 ~하다
lose oneself in	길을 잃다
loyal to ~, be	~에 충실하다
make a fire	불을 피우다
make a living	살아가다, 생계를 유지하다
made tea	차를 끓이다
might well ~	~하는 것도 무리가 아니다, 당연하다

부록

mix up	잘 섞다, 혼동하다
more than	이상으로, 더할 나위없이, 매우
as much	그만큼(정도)
need to	~할 필요가 있다
needless to say	말할 것도 없이
neither of	어느 쪽도 ~아니다
no ~ at all	전혀 ~아니다
no better than	~이나 마찬가지
no less ~ than	~에 못지않게
not only but also	~이 아니고, …뿐만 아니라 …도 또한, ~은 말할 것도 없이
not to mention	~은 말할 것도 없이, 물론
nothing more than	~보다 이상의 것은 없다
on the spot	그 자리에서, 즉석에서
one after another	하나씩, 차례로, 계속적으로
over and over(again)	몇 번이나, 재삼재사(再三再四)
peculiar to	~에 특유한
be preferable to ~	~보다 좋다고 생각하다
protect A against B	B로부터 A를 보호하다
protect A from B	B로부터 A를 보호하다
refrain from	~을 그만두다, 참다, 멀리하다, (담배 피우는 것을) 삼가다
ring up	전화를 걸다
run against	충돌하다, 우연히 만나다
save A from B	B로부터 A를 구하다

scores of ~	다수의 ~
seek after	~을 구하다, 찾다
send for	~을 부르러 보내다
settle in	고정하다, ~에 거류(居留)하다
share ~ with	~을 나누다, ~을 같이하다
share in	~에 참여하다, ~을 할당받다

7 일곱째주

show off	자랑삼아 보이다, 잘 보이게 하다
sit up	일어나다, 똑바로 앉다
so far as ~ be concerned	~에 관한 한해서는, ~에 관해서는
speak ill of	~을 나쁘게 말하다, 욕하다
stand on	~의 위에 서다, ~에 의거하다, ~을 고수하다
stand up for	지지하다, 방어하다
starve to death	아사하다, 굶어 죽다
stay away(from)	결석하다, 떠나가다
step into	~에 걸어들어가다, (지위·일 등을) 얻다
stick to	고수하다, 들어붙다
succeed in	~에 성공하다, ~을 잘 성취하다
such ~ that	~매우…하므로
the former ~ the latter	전자 ~후자
suffient to ~, be	충분하다
suit to	~에 적합하다
suitable to ~, be	~에 적합하다
suited for ~, be	~하기에 적합하다
take a trip to	~에 여행하다

take a seat	앉다
that ~ may	~을 하기 위하여, ~때문에
the pen	문필(文筆), 펜의 힘
talk of	~의 이야기를 하다, ~하고 싶다고 말하다
the case with(~ be)	~에 관해서 그러하듯
throw into	~에 투입하다, 던져넣다
treat A as B	A를 B로 취급하다
time as ~ as	…배만큼 ~하다
to the contrary	그와 반대로
to ~ extent	~의 정도까지
turn out to	(결과가 ~으로) 되다
used to -ing ~, be	~이 습관이 되어있다
under construction	건축중에
up to date	현대까지의 최신식의
unworthy of	~의 가치가 없는
wishe for	~을 얻기를 원하다, ~에 부자유하다(want for)
walk away	걸어가다
with indifference	냉담하게
what to do	무엇을 해야할지
with reference to	~에 관해서, ~에 대해서
with regard to	~에 관하여, ~에 대해서
with respect to	~에 관하여, ~에 대하여
without question	의심할 여지없이 물론

worth ~ing	~할 가치가 있다, ~할 보람이 있다
worthy of	~의 가치가 있는, ~에 상응하는
would like ~ to	~을 하고싶다

7주완성 **영어 숙어장**

2025년 11월 20일 재판인쇄
2025년 11월 30일 재판발행

엮은이 | 국제언어교육연구회
펴낸이 | 최 원 준

펴낸곳 | 태 을 출 판 사
서울특별시 중구 다산로 38길 59(동아빌딩내)
등 록 | 1973. 1. 10(제4-10호)

ⓒ2025. TAE-EUL publishing Co.,printed in Korea
※잘못된 책은 구입하신 곳에서 교환해 드립니다.

■ **주문 및 연락처**

서울특별시 중구 다산로 38길 59(동아빌딩내)
전화 : (02)2237-5577 팩스 : (02)2233-6166

ISBN 978-89-493-0706-0   53740

이 책의 저작권은 태을출판사에 있으므로 출판사의 허락없이 무단
으로 복제·복사·인용 사용하는 것은 법으로 금지되어 있습니다.